W0224744

Thomas Lohrer

Ende mit Schnecken

160 Krankheiten und Schädlinge im Ziergarten erkennen und bekämpfen

Ulmer

Das steckt in diesem Buch

So finden Sie sich in diesem Buch zurecht

In diesem Buch finden Sie zunächst die Krankheiten und Schädlinge an Zierbäumen, -sträuchern und -stauden. Dabei werden Ihnen zuerst Übeltäter vorgestellt, die besonders häufig und an verschiedenen Pflanzen auftreten können. Anschließend sind zu jeder Pflanze, nach dem deutschen Namen alphabetisch sortiert, die wichtigsten Quälgeister in Wort und Bild festgehalten. Bei jedem Schaderreger ist auch der wissenschaftliche Name genannt. Dieser hilft Ihnen etwa bei weiteren Recherchen im Internet.

So ist jedes Porträt aufgebaut:

- Im **Steckbrief** finden Sie in geraffter Form die wichtigsten Informationen zur Biologie, zum Lebenszyklus und zum Aussehen.
- Unter **Symptome und Schadbild** sind die an der Pflanze sichtbaren Merkmale aufgeführt.
- Die unter **Vorbeugen und bekämpfen** genannten Maßnahmen verstehen sich als Auflistung möglicher Schritte ohne eine Wertung oder Gewichtung.
- In **Auf einen Blick** sind die wichtigsten Fakten kurz für eine schnelle Durchsicht zusammengefasst.
- Zusätzliche Hinweise zum Schaderreger finden Sie unter **Nicht verwechseln**, **Kommt auch vor an** und **Ganz nah dran**.
- **Aussagekräftige Fotos** vermitteln Ihnen einen Eindruck von Schaderreger und Schadbild und erleichtern Ihnen die Diagnose.

8

20

Den Übeltätern auf der Spur

Damit es bei Pflanzen zu einer Erkrankung kommt, müssen drei Faktoren gleichzeitig vorhanden sein: eine geeignete Wirtspflanze, der passende Schaderreger und bestimmte Umweltbedingungen. Ist einer dieser Faktoren nicht vorhanden – liegt z.B. eine resistente Sorte vor, fehlt der Erreger oder ist es für eine Infektion zu kalt – bleibt die Pflanze gesund. Daraus folgt, dass Sie bei näherer Kenntnis dieser drei Faktoren eine Erkrankung leicht verhindern bzw. rasch eine Bekämpfungsstrategie entwickeln können. Besonders wichtig dabei ist, dass Sie über die Biologie der Schaderreger (Überwinterungsort, Infektionsbedingungen, Anzahl der Generationen pro Jahr) Bescheid wissen und eine sichere Diagnose stellen können. Denn wenn Sie nicht wissen, welcher Schaderreger am Werk ist, können Sie auch keine wirkungsvollen Maßnahmen ergreifen. In diesem handlichen Taschenbuch finden Sie viele wertvolle Hinweise für die richtige Diagnose bei einer Erkrankung sowie wichtige Informationen zur Biologie der Schaderreger.

Leitbild: integrierter Pflanzenschutz

Seit 1986 ist der integrierte Pflanzenschutz im deutschen Pflanzenschutzgesetz fest verankert. Er ist „... eine Kombination von Verfahren, bei denen unter vorrangiger Berücksichtigung biologischer, biotechnischer, pflanzenzüchterischer sowie anbau- und kulturtechnischer Maßnahmen die Anwendung chemischer Pflanzenschutzmittel auf das notwendige Maß beschränkt wird.“ Mit diesen Maßnahmen können Sie auch im Hobbygarten den an Ziergehölzen und Schmuckstauden auftretenden Schaderregern wirkungsvoll zu Leibe rücken.

Nützlinge im Einsatz

Zahlreiche Nützlinge treten im Garten (meist unbemerkt) auf und helfen dem Hobbygärtner bei der Schädlingsbekämpfung. Die bekannten Marienkäfer und ihre Larven sind besonders eifrige Blattlausräuber. Auch die Larven der Florfliegen, die als ausgewachsene Insekten filigrane netzartige Flügel besitzen, saugen mit ihren hervorstehenden Zangen (Schad-)Insekten und Milben aus. Die Larven der Schwebfliegen sind wichtige Blattlausvertilger und sitzen oft mitten in den Blattlauskolonien. Da sie kleinen Nacktschnecken ähneln, werden sie gern übersehen oder sogar vernichtet. Die meist nachtaktiven Laufkäfer sind stattliche Käfer, die sich ebenso wie deren Larven räuberisch von anderen Insekten und Schnecken ernähren. Schlupfwespen und Raubmilben sind wegen ihrer geringen Größe eher unbekannte Nützlinge. Aber auch sie helfen dem Hobbygärtner, da sie beispielsweise die Eier von schädlichen Raupen parasitieren oder Spinnmilben aussaugen. Zu den bekannten „größeren" Nützlingen zählen Igel, Vögel und Fledermäuse.

Da Nützlinge wichtige Helfer im Garten sind, sollten Sie diese durch geeignete Maßnahmen schonen und fördern:

- Schaffen Sie Unterschlupfmöglichkeiten für Nützlinge, indem Sie Laubschichten unter manchen Sträuchern liegen lassen oder Totholz- und Steinhaufen anlegen.
- Die Aussaat von Wildblumenmischungen, inklusive Dolden- und Korbblütler, mit dem Ziel eines möglichst ganzjährigen Nektarangebotes fördert die Anwesenheit der erwachsenen Schwebfliegen, Florfliegen und Schlupfwespen.
- Einige Nützlinge können Sie auch gezielt fördern, wie beispielsweise Vögel (Vogelkästen, Vogeltränke, Sitzkrücke für Greifvögel), Florfliegen (rote Florfliegenkästen), Fledermäuse (Fledermauskästen), Ohrwurm (Ton-Blumentöpfe gefüllt mit Stroh) oder Igel (Schlupflöcher im Zaun, halbkugelige Igelhöhlen, Brett zum Gartenteichausstieg).

Setzen Sie zudem, wenn überhaupt, nur nützlingsschonende Pflanzenschutzmittel ein. Informationen dazu finden Sie auf der Verpackung oder dem Beipackzettel der Präparate. Produkte mit Hinweisen wie „Das Mittel wird als schädigend für Populationen relevanter Nutzorganismen eingestuft" sollten Sie nicht bevorzugen. Eine Vielzahl von Nützlingen ist im Fachhandel erhältlich. Wegen der meist hohen Ansprüche an Temperatur, Feuchtigkeit und Licht beschränkt sich ihr Einsatz aber vorwiegend auf Wintergärten (Australische Marienkäfer gegen Schmierläuse), Gewächshäuser (Raubmilben gegen Spinnmilben) sowie Innenräume (Florfliegenlarven gegen Blattläuse). Manche sind aber auch für den Einsatz im Freiland geeignet, beispielsweise Nematoden gegen die Larven des Dickmaulrüsslers. Die Nematoden werden aber nicht etwa ganzjährig eingesetzt, sondern verständlicherweise nur in den Zeiträumen in denen sich auch Larven im Boden befinden – und bei über 12 °C Bodentemperatur. Optimale Einsatztermine liegen hier in den Monaten März bis April und August bis September.

Vorbeugend aktiv werden

Nur wenn man die Biologie der einzelnen Schaderreger kennt, können vorbeugende Maßnahmen wirklich effektiv sein. So empfiehlt sich beispielsweise die **Laubentfernung im Herbst** bei Befall durch verschiedene Miniermotten, deren Larven in den Blättern (z. B. von Kastanie, Platane oder Feuerdorn) minieren, da sich die Puppen für die Überwinterung in den Blättern befinden. Beim Schneeballblattkäfer wäre diese Maßnahme wenig sinnvoll, da der Käfer die kalte Jahreszeit als Eigelege an den jungen Trieben übersteht – hier wäre somit ein **Rückschnitt der Triebspitzen** eine sinnvolle Maßnahme. Viele Pilze überdauern den Winter im Falllaub, sodass hier dessen Entfernung im Regelfall zu empfehlen ist. Beim Birnengitterrost hingegen kann die Laubentfernung im Herbst vernachlässigt werden, da die Infektion der Birnenblätter im Frühjahr ausschließlich über infizierte Wacholderbüsche erfolgt. Sind die biologischen Eckdaten des Pilzes bekannt, können Bekämpfungsmaßnahmen auch erfolgreich sein. Und wer erkannt

hat, dass das „Knospensterben“ an Rhododendron erst durch Wunden der Rhododendronzikade ermöglicht wird, die die Zikade bei der Eiablage hinterlässt, setzt damit auch bei der **Bekämpfung der Schadinsekten** den Hebel an der richtigen Stelle an.
Grundsätzlich gilt, dass Blätter mit „normalen“ Blattfleckenpilzen oder auch mit einer Rostpilzinfektion bedenkenlos **über den Kompost entsorgt** werden können, sofern dieser regelmäßig umgesetzt wird und die Blätter vorher zerkleinert werden. Es gibt jedoch auch Ausnahmen wie den Erreger des Buchsbaumsterbens, der im Blatt mit bloßem Auge nicht erkennbare, langlebige Dauerkörper ausbildet. Pilze, die eine Wurzelfäule hervorrufen bilden (mikroskopische) Dauerkörper aus, die eine Kompostierung im Garten im Regelfall problemlos überstehen, somit vorsorglich stets über die **Biotonne** oder den **Hausmüll** entsorgt werden sollten. Eine gewerbliche Kompostierung (Biotonne) erlaubt eine höhere Rotte-Temperatur sowie intensivere Umsetzung als im Kompost im Kleingarten, dadurch werden auch Dauersporen mehrheitlich sicher abgetötet.
Ebenfalls hauptsächlich vorbeugenden Charakter haben anbau- und kulturtechnische Maßnahmen in der Gartenpraxis. Beispielsweise müssen die **Standortansprüche** der Pflanze an die Lichtverhältnisse (Halbschatten, Sonne) und die Bodenverhältnisse (Bodenart, pH-Wert, Feuchtigkeit, Nährstoffgehalt) berücksichtigt werden. Insbesondere bei immergrünen Laubgehölzen ist zu beachten, dass sie auch im Winter Wasser brauchen. Das Phänomen der Frosttrocknis ist bei Immergrünen in strengen Wintern als Schadfaktor weit verbreitet. Verursacht wird dies durch einen gefrorenen Boden bei einem länger anhaltenden, sonnigen und windigen Wetter, das eine erhöhte Transpiration der Pflanze zur Folge hat. Das hierbei abgegebene Wasser kann aber wegen des gefrorenen Bodens nicht mehr nachgeliefert werden – die Pflanze vertrocknet.

Fallen, Leimringe und Co.

Verschiedene Fallentypen lassen sich zur Bekämpfung von Schädlingen einsetzen. Verbreitet ist der Einsatz von Kasten- oder Drahtfallen zur Bekämpfung der im Boden lebenden und an den Pflanzenwurzeln fressenden Wühlmäuse. Schallerzeugende Geräte gegen Wühlmäuse zählen übrigens zu den biotechnischen Maßnahmen, haben bei unabhängigen Prüfungen aber keine nachweisbare wiederholbare Wirkung gezeigt. Leimringe zum Abfangen der im Herbst die Stämme zur Eiablage hochkletternden, flügellosen Weibchen des Frostspanners werden hingegen recht erfolgreich zur Bekämpfung eingesetzt.
In Obstkulturen werden häufig Pheromonfallen verwendet, insbesondere zur Bestimmung der Falterflugzeit und damit besseren Spritzterminierung. Für die an Ziergehölzen auftretenden Schadschmetterlinge sind nur vereinzelt derartige Fallen entwickelt worden, beispielsweise für den Weidenbohrer oder das Blausieb. Zur Flugüberwachung und zur Befallsreduktion können gegen bestimmte Borkenkäfer (Ungleicher Holzbohrer) Alkohol-Fallen in Kombination mit roten Leimtafeln eingesetzt werden.

Augen auf bei der Sortenwahl

Mit Hilfe einer gezielten Sortenwahl lassen sich Pflanzenschutzprobleme recht elegant verhindern. Achten Sie beispielsweise bei Rosen auf Sorten mit dem ADR-Gütesiegel (Allgemeine Deutsche Rosenneuheitenprüfung). Bei diesen Pflanzen handelt es sich um über zwei Jahre lang geprüfte neue Sorten, die eine besonders geringe Anfälligkeit gegenüber Schaderregern, insbesondere pilzlichen, aufweisen.
Details und Sortenlisten sind online abrufbar (www.adr-rose.de). Auch bei Stauden lässt sich zumindest ansatzweise über die durchgeführten Sichtungen für bestimmte Arten eine erste Auswahl geeigneter Sorten treffen. Auch dies ist im Internet abrufbar (www.staudensichtung.de).

Sind keine resistenten Sorten erhältlich, achten Sie auf die Einstufung der Anfälligkeit und bevorzugen Sie widerstandsfähige Sorten. So sind mittlerweile gegenüber dem gefährlichen Buchsbaumsterben (*Cylindrocladium buxicola*) einige deutlich weniger anfällige Sorten, wie 'Brno' oder 'Herrenhausen' in Versuchen ermittelt worden. Aktualisierte Hinweise zu resistenten Sorten lassen sich auch an den Gartenakademien oder gärtnerischen Forschungsanstalten erfragen.

Nur im Notfall: chemische Pflanzenschutzmittel

In Deutschland werden Pflanzenschutzmittel vom BVL (Bundesamt für Verbraucherschutz und Lebensmittelsicherheit) zugelassen. Diese Produkte erkennen Sie an dem Zulassungs-Dreieck mit den Begriffen „amtlich", „geprüft", „zugelassen" sowie einer Zulassungsnummer, das auf der Verpackung aufgedruckt ist. Im Hobbygarten dürfen zudem ausschließlich Produkte eingesetzt werden, die auf der Verpackung mit dem Hinweis „Anwendung im Haus- und Kleingartenbereich zulässig" bzw. nach dem neuen Pflanzenschutzgesetz durch einen Vermerk „für nicht-berufliche Anwender" gekennzeichnet sind. Alle anderen Produkte, beispielsweise aus dem Erwerbsanbau, sind verboten. Dies gilt übrigens auch für Spritzmaßnahmen, die von einem Profigärtner in Ihrem Garten durchgeführt werden. Denn entscheidend ist hier der Einsatzort, nicht der Anwender.

Der Gesetzgeber hat an die für den Haus- und Kleingartenbereich zulässigen Produkte besondere Anforderungen: Sie dürfen nicht als giftig oder sehr giftig eingestuft sein, müssen anwendungsfertig vorliegen (etwa als Stäbchen oder bereits fertig verdünnte Spritzbrühe) oder ein geeignetes Dosiersystem besitzen.

Pflanzenschutzmittel erhalten Sie nicht in einem Selbstbedienungsregal, denn ihr Verkauf ist gesetzlich stets an eine Beratung über Gefahren, Auflagen und Verbote gebunden.

Das sollten Sie beim Einsatz beachten

Derzeit sind über 600 Pflanzenschutzmittel für den Haus- und Kleingartenbereich zugelassen. Dies sind Mittel gegen Insekten (Insektizide), Pilze (Fungizide), Unkräuter (Herbizide), Milben (Akarizide) oder Nagetiere (Rodentizide). Wichtiger als der Produktname sind die enthaltenen Wirkstoffe (beispielsweise Myclobutanil, Thiacloprid, Azoxystrobin), da diese für die eigentliche Wirkung verantwortlich sind. Liegen beispielsweise Resistenzen gegen bestimmte Schaderreger vor, müssen Sie andere Wirkstoffe, nicht jedoch nur einfach andere Produkte einsetzen. Beachten Sie vor jedem Einsatz die in der Gebrauchsanweisung aufgeführten Vorsichtsmaßnahmen.

Vor der Anwendung von Pflanzenschutzmitteln müssen Sie prüfen, ob sie für den Einsatz in dem geplanten Bereich überhaupt zugelassen sind. Hinweise auf „Freiland", „Gewächshaus" oder „Zimmer, Büroräume, Balkone" finden Sie in der Gebrauchsanweisung. Diese liefert ebenfalls Informationen zur möglichen Bienengefährlichkeit des Produktes. Sofern mehrere Mittel zur Auswahl stehen, setzen Sie im Garten stets bienenungefährliche Mittel ein.

Häufige Gartenplagen an Zierpflanzen

Die Schaderreger in diesem Kapitel kommen nicht nur auf einer bestimmten Pflanzenart vor, sondern können verschiedene Wirtspflanzen befallen. Bevor Sie einen Blick auf die Schaderreger im darauffolgenden, nach Pflanzen sortierten Kapitel werfen, sollten Sie prüfen, ob nicht etwa einer der folgenden „Universal-Schaderreger“ für Ihr Schadbild verantwortlich ist.

Blattschneiderbiene

Verschiedene *Megachile*-Arten
Biene

Steckbrief

1–2 Generationen pro Jahr. Nach ihrer Verpuppung im Frühjahr treten ab Juni, später dann auch ab August, die ersten, solitär lebenden Bienen auf. Das für den Nestbau benötigte Blattmaterial schneiden sich die Tiere in unterschiedlicher Größe und Form (ovale und runde Blattstücke) aus den Blatträndern von Laubgehölzen. In zylindrischen Röhren (Holz, Stängel, Mauern) legen sie damit fingerhutartig zusammengesteckte, zellenartige Brutnester an. Jedes der bis zu 10 Nester ist mit einem Ei und mit einem Vorrat an Pollen und Nektar bestückt. Die spätere Larvenentwicklung erfolgt bis zur Verpuppung innerhalb der Brutröhre. Neben Rose, Liguster, Ahorn, Flieder und Felsenbirne können auch die Blätter von anderen Laubgehölzen von den Bienen genutzt werden.

Symptome und Schadbild

Am Blattrand fehlen – wie scharf ausgeschnitten – meist größere ovale und rundliche Blattstücke. Die verursachenden Bienen sind selten zu sehen, da der Schnitt der Blattstücke nur wenige Sekunden benötigt.

Vorbeugen und bekämpfen

Eine Bekämpfung ist praktisch nicht möglich, aber aufgrund der geringen Schäden auch nicht notwendig.

Auf einen Blick

- solitär lebende Bienen als Verursacher
- ovale oder rundlich ausgeschnittene Blattränder
- insgesamt zu vernachlässigende Schäden

Nicht verwechseln!

Bei flüchtiger Betrachtung ähnelt das Schadbild dem Buchtenfraß des Dickmaulrüsslers. Dessen Fraßspuren sind aber kleiner.

Blausieb

Zeuzera pyrina
Schmetterling

Steckbrief

Mehrjährige Entwicklungsdauer. Bis zu 3 Jahre lebt die Larve (Raupe) innerhalb der Triebe und verpuppt sich schließlich im Frühjahr. Aus der Puppe schlüpfen nachtaktive Falter, die auf weißer Grundfarbe viele blauschwarze Punkte tragen. Sie legen ihre Eier auf der Rinde ab und die geschlüpften Larven bohren sich in bis zu 10 cm dicke Äste ein. Die weitere Entwicklung erfolgt ausschließlich als Minierer im Holz und unter der Rinde. Im Laufe der Jahre erreichen die Larven eine Größe von 6 cm und sind gelb gefärbt mit einer Reihe dunkler Punkte. Kopf und Nackenschild sind deutlich dunkel. Mehr als 100 Wirtspflanzen können von den Raupen geschädigt werden.

Symptome und Schadbild

Unspezifische Welke- und Absterbeerscheinungen ganzer Äste, früher Windbruch. Auswurf von Bohrmehl auf die umliegende Rinde und den Boden. Nach Anschnitt oder Spaltung des Holzes Nachweis großer, gelb-schwarz gefärbter Raupen.

Vorbeugen und bekämpfen

Rückschnitt befallener Äste vor der Verpuppung zum Falter. Mechanische Abtötung der Larven in den Gängen (Draht einführen).

Nicht verwechseln!

Als Raupenminierer in Ästen treten bei einer sonst ähnlichen Biologie auch die Larven des Weidenbohrers auf, welche aber fleischrot gefärbt sind.

Auf einen Blick

- Absterben einzelner Äste
- große, gelb-schwarz gefärbte Raupen im Holz
- erkennbarer Bohrmehlaustritt

Borkenkäfer

Verschiedene Arten
Käfer

Steckbrief

Artabhängig eine oder mehrere Generationen pro Jahr. Die beinlosen, weißen Larven mit der braunen Kopfkapsel sind, ebenso wie die dunklen, länglichen Käfer, 3–5 mm lang. Man unterscheidet rinden- und holzbrütende Arten. Rindenbrüter: Weibchen fressen im Frühjahr einen oder mehrere, einige Zentimeter lange Muttergänge in die Rinde, von denen seitlich die Larvengänge abgehen. Jeder der später sich verpuppenden Käfer bohrt sein eigenes Ausbohrloch.
Holzbrüter: Weibchen bohren sich im Frühjahr tief in das Holz und legen dort eher kurze, verzweigte Fraßgänge an; die Larven ernähren sich von in den Gängen wachsendem Pilzmyzel. Der Ausschlupf der Käfer erfolgt über das ehemalige Einbohrloch des Muttertieres.

Symptome und Schadbild

Rindenbrüter mit charakteristischem Fraßbild der Mutter- und Larvengänge im Rindenbereich; zahlreiche Ausbohrlöcher; Befall führt meist zum Absterben der betroffenen Stämme. Fraßgänge der Holzbrüter im unmittelbaren Holzbereich als schwarz gefärbtes Gangsystem; nur vereinzelte Bohrlöcher.

Vorbeugen und bekämpfen

Rückschnitt oder Rodung befallener Bäume vor dem Schlupf der Käfer. Artabhängig ist auch ein Einsatz von Fallen zum Abfangen der Käfer möglich. Einsatz von Insektiziden zur Flugzeit der Käfer.

Auf einen Blick

- etwa 3–5 mm große Käfer als Verursacher
- Schäden treten bevorzugt an geschwächten Gehölzen auf
- arttypische Gänge der Larven in der Rinde und im Holz

Nicht verwechseln!

Fraßgänge unter der Rinde können auch durch andere Käfer, wie beispielsweise Prachtkäfer, verursacht werden.

Dickmaulrüssler

Verschiedene *Otiorhynchus*-Arten
Käfer

Steckbrief

1 Generation pro Jahr. Als Larve überwintert der Dickmaulrüssler im Freiland im Boden und ab Mai treten nach der Verpuppung die ersten Käfer auf. Sie leben oberirdisch versteckt an der Pflanze und fressen an den Blättern. Die bevorzugt dämmerungs- und nachtaktiven Käfer sind 1 cm groß, dunkel gefärbt und haben einen kurzen, vorgezogenen „Rüssel". Mehrere Hundert Eier werden von den Käfer-Weibchen ohne Befruchtung (Männchen sind bei uns nicht bekannt) in den Boden abgelegt. Die ab August schlüpfenden Larven bleiben bis zur Verpuppung im nächsten Frühjahr im Boden und fressen an den Wurzen. Das Wirtspflanzenspektrum ist recht groß und umfasst eine Vielzahl von Laub- und Nadelgehölzen, Stauden und Bodendeckern.

Symptome und Schadbild

Die Blätter zeigen am Blattrand einen charakteristischen Buchtenfraß. Vereinzelt sind auch Käfer anzutreffen. Im Boden sind die an den Wurzeln fressenden Larven zu finden, oberir disch kommt es zu Absterbeerscheinungen.

Vorbeugen und bekämpfen

Absammeln der Käfer in der Dämmerung. Einsatz von Insektiziden und parasitären Nematoden gegen die Larven und/oder die Käfer.

Ganz nah dran

Die Larven werden 1 cm groß, sind weiß gefärbt und beinlos, tragen eine braune Kopfkapsel und sind stets etwas zur Bauchseite gekrümmt.

Auf einen Blick

- Buchtenfraß an den Blättern durch die Käfer
- Larven fressen an den Wurzeln
- Überwinterung als Larve im Boden

Engerlinge

Verschiedene Arten
Käfer

Steckbrief

Als Engerlinge werden die Larven der Käferfamilie der Blatthornkäfer bezeichnet. Je nach Art tritt nur 1 Generation pro Jahr auf (beim Gartenlaubkäfer) oder es besteht eine mehrjährige Entwicklungszeit (2 Jahre beim Junikäfer, 3–5 Jahre beim Maikäfer) im Boden, wo die Tiere auch überwintern.
Maikäferlarven werden bis zu 5 cm lang, sind weißlich gefärbt, besitzen drei recht lange Brustbeinpaare und eine braune Kopfkapsel; sie sind bauchseits gekrümmt. Im Frühjahr legen die an Blättern fressenden Käfer ihre bis zu 70 Eier in kleinen Gelegen im Boden ab.

Symptome und Schadbild

Fraßschäden an den Wurzeln zeigen sich oberirdisch in Form kleiner, meist eng begrenzter Absterbeerscheinungen (nestweise). Im Wurzelbereich sind Engerlinge anzutreffen, die an den Wurzeln fressen. Teilweise ist der Boden deutlich aufgewühlt, da verschiedene Vögel den Larven nachstellen. An den Bäumen findet der Blattfraß der Käfer im Frühjahr statt.

Vorbeugen und bekämpfen

Absammeln der Engerlinge im Boden. Mechanische Bekämpfung durch Fräsen oder Stachelwalzen. Artabhängig ist ein Einsatz von Nematoden gegen die Larven sowie Lockstofffallen zum Abfangen der Käfer möglich. Einsatz von Insektiziden gegen die Käfer.

Auf einen Blick

- unspezifische, oberirdische Absterbeerscheinungen
- im Boden finden sich größere Larven mit langen Beinpaaren
- artabhängig teils mehrjährige Larvenentwicklungsdauer

Nicht verwechseln!

Große Engerlinge mit auffallend kurzen Beinpaaren aus dem Kompost stammen vom Rosenkäfer und schädigen keine Wurzeln.

Kleiner Frostspanner

Operophtera brumata
Schmetterling

Steckbrief

Nur 1 Generation pro Jahr. Als ovales, später deutlich orangerot gefärbtes Ei erfolgt die Überwinterung im Kronenbereich der Bäume. Ab April schlüpfen die Raupen, wobei die jungen Tiere leicht vom Wind weitergetragen werden. Die Raupen werden 2 cm lang, sind grünlich gefärbt und besitzen mehrere feine Längsstreifen. Da sie nur am 6. und 10. Hinterleibssegment Füße besitzen, ergibt sich beim Kriechen eine spannerartige Fortbewegung. Alle Stadien fressen frei an der Pflanze. Ab Ende Mai verlassen die Raupen ihre Wirtspflanzen, um sich im Boden zu verpuppen. Die nur Flügelstummel besitzenden Weibchen krabbeln nach dem Schlupf und der anschließenden Paarung ab Oktober in die Baumkrone zur Eiablage. Die Raupen fressen an einer Vielzahl von Ziergehölzen und Obstbäumen.

Symptome und Schadbild

Fraßschäden an Blättern, Früchten, Knospen und Blüten, teils werden auch Blätter zusammengesponnen. Im Frühjahr treten Raupen auf, die sich spannerartig fortbewegen.

Vorbeugen und bekämpfen

Einsatz von Leimringen zum Abfangen der Weibchen im Herbst. Einsatz von Insektiziden im zeitigen Frühjahr gegen die Larven.

Nicht verwechseln!

Neben dem Kleinen Frostspanner gibt es an Gehölzen eine Reihe weiterer, in ihrer Biologie ähnlicher Arten mit sich spannerartig fortbewegenden Raupen.

Auf einen Blick

- Überwinterung als Ei in der Baumkrone
- spannerartige Fortbewegung der Raupen
- Schlupf der Falter im Herbst

Asiatischer Laubholzbockkäfer

Anoplophora glabripennis
Käfer

Steckbrief

Ein- bis zweijährige Entwicklungszeit. Der Asiatische Laubholzbockkäfer (ALB) ist ein gefährlicher, beim Pflanzenschutzamt meldepflichtiger Schädling, der auch völlig gesunde Bäume befallen und zum Absterben bringen kann. Die Überwinterung erfolgt im Stammholz als Larve (Minierer), welche eine stattliche Länge von 5 cm erreicht. Die Larve ist cremeweiß und dickfleischig und besitzt keine Brustbeine. Aus einem bis zu 1,5 cm großen kreisrunden Ausbohrloch im Bereich von Stamm oder oberer Krone schlüpft der flugträge Käfer im späten Frühjahr. Dieser ist 3–4 cm groß, schwarz gefärbt, trägt rund 20 weiße Flecken und hat auffallend lange Fühler. Eiablage am Stamm, spätere Larvenentwicklung im Stamminneren. Eine Vielzahl von Laubgehölzen zählt zu den Wirtspflanzen des Käfers. Fraßschäden und Larven ähneln dem Moschusbock und dem Großen Pappelbock.

Symptome und Schadbild

Unspezifische Absterbeerscheinungen. Kreisrunde, große Ausbohrlöcher, Nachweis der hellen, dickfleischigen Larven im Stamm- und Astbereich. Schwarze, weiß gefleckte Käfer im näheren Umfeld des Baumes. Ausgeworfenes Bohrmehl am Boden.

Vorbeugen und bekämpfen

Frühzeitige Fällung des Baumes nach Rücksprache mit dem Pflanzenschutzamt.

Auf einen Blick

- schwarzer, weiß gefleckter, großer Käfer
- bis zu 5 cm große, helle, minierende Larven im Holz
- kreisrunde Ausbohrlöcher am Stamm

Nicht verwechseln!

Ein vergleichbares Schadbild, allerdings mit einer Konzentrierung der Ausbohrlöcher am Stammfuß, wird durch den Chinesischen Laubholzbockkäfer (CLB) hervorgerufen.

Rotpustel

Nectria cinnabarina
Pilz

Steckbrief

Die Überdauerung des Pilzes ist in zweierlei Formen möglich: zum einen als Pilzgeflecht im erkrankten Gewebe an der Pflanze oder im bereits abgestorbenen Schnittgut am Boden und zum anderen in Form seiner Fruchtkörper; zu unterscheiden sind hier lachsfarbene, größere (1–3 mm), polsterartige Lager und deutlich kleinere (0,5 mm) dunkelrote, kugelige Fruchtkörper. Als Schwächeparasit kann er bevorzugt geschwächtes (Wassermangel, erhöhte Stickstoffgaben) und vorgeschädigtes Gewebe (Wunden, Verletzungen) befallen. Die Entwicklung des Pilzes erfolgt innerhalb der Äste und Triebe, die genannten Fruchtkörper treten erst nach dem Absterben des Holzes auf. Infektionen können ganzjährig stattfinden. Der Pilz befällt eine Vielzahl von Laubgehölzen (sehr anfällig ist Ahorn).

Symptome und Schadbild

An Aststummeln und Zweigen zeigen sich lokale Absterbeerscheinungen. Außen treten rötliche und/oder rosafarbene Fruchtkörper in teils größerer Zahl auf.

Vorbeugen und bekämpfen

Stressfaktoren für die Pflanze, wie Wasser- oder Nährstoffmangel, vermeiden. Schnittmaßnahmen nicht im Winter, sondern im Frühjahr oder Sommer durchführen und keine Aststummel stehen lassen sowie Wundverschlussmittel verwenden. Infiziertes Schnittgut entfernen.

Nicht verwechseln!

Der Obstbaumkrebs bildet ähnlich rote Fruchtkörper aus, die jedoch in Verbindung mit erkennbaren krebsartigen Wucherungen im näheren Umfeld dieser Stelle auftreten.

Auf einen Blick

- bevorzugt an geschwächten Pflanzen auftretend
- rosafarbene und rote Fruchtkörper auf den Trieben
- Überdauerung auch im Schnittgut am Boden möglich

Schnecken

Verschiedene Nackt- und Gehäuseschnecken
Weichtiere

Steckbrief

1–2 Generationen pro Jahr. Die Überwinterung erfolgt als Ei oder erwachsenes Tier. Schnecken sind nachtaktive, feuchteliebende Tiere, die eine wasserreiche Nahrung bevorzugen. Ihre weißlichen glasigen Eier werden in kleinen Haufen in den Boden abgelegt. Förderlich für einen Schneckenbefall sind feuchte Rückzugsgebiete, schwere Böden und milde Winter. Die häufigste Nacktschnecke im Garten ist die Spanische Wegschnecke, bei den Gehäuseschnecken sind es die Bänderschnecken.

Symptome und Schadbild

Es zeigen sich Fraßschäden sowie schnurartige Kothaufen mit einem die Blätter bedeckenden, silbrig-glänzenden, später eintrocknenden Schleim. Ein Totalausfall von Sämlingen und Jungpflanzen ist möglich. Während Nacktschnecken bevorzugt am Abend bodennah an Pflanzen fressen, treten Gehäuseschnecken auch tagsüber in höheren Regionen der Pflanze an Blättern und am Stamm auf.

Vorbeugen und bekämpfen

Absammeln der Gehäuseschnecken an den Pflanzen oder bei Nacktschnecken am Abend unter zuvor ausgelegten Brettern und Säcken. Ausstreuen von Schneckenkornprodukten (Molluskizide). Aufstellen von Bierfallen. Umzäunen von Beeten mit einem Schneckenzaun. Einsatz von Nematoden, insbesondere gegen Ackerschnecken. Förderung von Nützlingen (Laufkäfer). Verwendung von Laufenten.

Auf einen Blick

- Schnecken überwintern als Ei oder erwachsenes Tier
- Schneckenzaun gegen Nacktschnecken einsetzen
- Gehäuseschnecken rufen meist nur geringe Schäden hervor

Ganz nah dran

Schnecken sind Zwitter, die sich gegenseitig den Samen übertragen. Die weißlich glasigen Eier sind mit bloßem Auge noch erkennbar und werden in kleinen Haufen in den Boden abgelegt.

Wühlmaus

Arvicola terrestris
Nagetier

Steckbrief

Die Wühlmaus benötigt keine Winterruhe, ist also ganzjährig aktiv und als reiner Pflanzenfresser (Wurzeln, Rhizome, Knollen) im Boden zu finden. Bis zu viermal pro Jahr können jeweils 3–5 Jungtiere geboren werden. Die Tiere graben als Einzelgänger unterirdische, bis zu 100 m lange, hoch-ovale Gänge in der oberen Bodenschicht (bis 30 cm). Das Erdreich wird zu flachen Hügeln aufgeworfen. Wühlmäuse werden 10–20 cm lang, besitzen einen halb so langen Schwanz und deutlich paarige Nagezähne bei einer sonst stumpfen Schnauze. Sie können an sehr vielen Pflanzen Fraßschäden anrichten, die bis zum Absterben führen.

Symptome und Schadbild

Flache, neben dem eigentlichen Wühlmausgang aufgeworfene Hügel. Freigegrabene Öffnungen werden (im Unterschied zum Maulwurf) innerhalb weniger Stunden wieder zugewühlt. Fraßschäden an den Wurzeln und paarige, 2–3 mm breite Nagespuren. Oberirdische Welke- und Absterbeerscheinungen. Fraßschäden entwickeln sich besonders über den Winter.

Vorbeugen und bekämpfen

Vorbeugende Pflanzung in engmaschige Drahtballen. Förderung von Nützlingen (Mauswiesel, Greifvögel). Einsatz von Fallen oder Giftködern.

Nicht verwechseln!

Fraßschäden an Wurzeln können auch durch Insektenlarven oder Feldmäuse hervorgerufen werden.

Auf einen Blick

- ganzjährige Aktivität
- Fraßschäden an den Wurzeln
- flach aufgeworfene Hügel

Krankheiten und Schädlinge im Ziergarten

In diesem Kapitel lernen Sie Schädlinge und Krankheiten kennen, die fast ausschließlich bestimmte Zierpflanzenarten im Garten befallen können. Die entsprechenden Pflanzen sind von Ahorn bis Zwergmispel in alphabetischer Reihenfolge angeordnet. Den richtigen Schaderreger finden Sie, wenn Sie bei der betreffenden Pflanze nachschauen: Entweder Sie erkennen ihn anhand der Fotos oder Sie finden ihn anhand des alphabetisch einsortierten Namens.

Ahornborstenlaus

Periphyllus-Arten
Blattlaus

Steckbrief

Mehrere Generationen pro Jahr. Am Ahorn treten unterschiedliche Borstenlausarten auf, deren Biologie und Schadwirkung jedoch vergleichbar sind. Nach der Überwinterung als Ei an den Trieben erscheinen zum Blattaustrieb die ersten Läuse, die an den jungen Blättern saugen. Geflügelte Tiere sorgen im Frühjahr für eine weitere Ausbreitung. Zum Sommer hin verlangsamt sich die Entwicklung und es entstehen ruhende Sommerlarven. Im Herbst gebildete Geschlechtstiere sorgen dann wieder für die Eiablage.

Symptome und Schadbild

Durch eine frühe Saugtätigkeit an den Blättern treten Deformationen und aufgerissene Blattspreiten auf, auch wird teils reichlich Honigtau gebildet. Die Sommerlarven sitzen bevorzugt entlang der Blattadern und lassen sich im Gegenlicht gut erkennen. Ein starker Befall führt zum frühzeitigen Laubfall. Das punktuell aufgerissene Blattgewebe ähnelt einer Schädigung durch Wanzen.

Vorbeugen und bekämpfen

Absammeln befallener Blätter im Sommer, um eine spätere Abwanderung und Eiablage zu verhindern. Einsatz von Insektiziden im Frühjahr bei einem stärkeren Vorjahresbefall. Oft ist der Schaden nur gering, sodass sich eine Bekämpfung erübrigt.

Auf einen Blick

- fein löchrig aufgerissene Blätter am Ahorn
- im Gegenlicht erkennbare an den Blattadern sitzende Blattläuse
- der Schaden an den Blättern ist meist nur gering

Ganz nah dran

Die erwachsenen Tiere werden 3 mm groß und tragen unterschiedliche Borsten am Körper (Namensgebung).

Ahorngallwespe

Pediaspis aceris
Gallwespe

Steckbrief

Mehrjähriger Entwicklungszyklus. Die im Frühjahr des ersten Jahres auftretenden Weibchen legen ihre Eier an den Blättern von verschiedenen Ahornarten ab, die als Folge eine auffällige Blattgalle bilden. Die noch im gleichen Jahr im Sommer geschlüpften Tiere legen ihre Eier an den Wurzeln ausschließlich von Berg-Ahorn ab, an denen sich Wurzelgallen ausbilden. Nach zweijähriger Entwicklungszeit kommt es im Frühjahr des dritten Jahres zum Schlupf und der Zyklus beginnt dann wieder mit der Eiablage an die Ahornblätter.

Symptome und Schadbild

Blattunterseits sind am Ahorn bis zu 8 mm große, gelblich bis deutlich rot gefärbte, zu mehreren auftretende Gallen zu erkennen. Die Gallen sind innen hohl und beherbergen eine einzelne, weiß gefärbte Larve. Die am Berg-Ahorn gebildeten, braun gefärbten Wurzelgallen sind anfangs fleischig, später holzig und haben eine Größe von etwa 1 cm im Durchmesser. Sie treten oft in größerer Zahl auf. Die Schadwirkungen auf die Pflanze sind in beiden Fällen bei einem geringen Auftreten vergleichsweise schwach.

Vorbeugen und bekämpfen

Entfernung der Blätter mit Gallen im Frühjahr vor dem Schlupf der Tiere. Auf einen Insektizideinsatz kann verzichtet werden.

Nicht verwechseln!

Aufgrund des eindeutigen Schadbildes ist keine Verwechslung mit anderen Schaderregern möglich.

Ahorn

Auf einen Blick

- auffällige, rundliche Gallen in größerer Zahl an Ahornblättern
- verborgene Wurzelgallen am Berg-Ahorn
- diese Gallwespe tritt nur an Ahorn auf

Ahorn

Auf einen Blick

- tritt bevorzugt an den Blättern der unteren Blattetagen auf
- große, braune Flecken mit aufgefächerter Randzone
- zur Bekämpfung genügt die Laubentfernung vor dem Frühjahr

Blattbräune

Pleuroceras pseudoplatani
Pilz

Steckbrief

Nach der Überwinterung im Herbstlaub bildet der Pilz Vermehrungseinheiten aus, deren Sporen mittels Wind und Wasserspritzern im näheren Umfeld verbreitet werden. Infiziert werden bevorzugt Blätter unterer Blattetagen, da sich hier länger die Feuchtigkeit halten kann. Später im Jahr auf den Blattflecken gebildete Fruchtkörper und Sporen besitzen offenbar keine biologische Bedeutung.

Symptome und Schadbild

Ab Juni zeigen sich bevorzugt auf der Blattunterseite erste länglich-ovale Blattflecken, die meist entlang der Blattadern oder auch am Übergang zum Stielansatz liegen. Die sich blattoberseits bildenden, bräunlichen, bis zu 5 cm großen Flecken besitzen insbesondere im jungen Stadium einen deutlichen, fingerartig fein aufgefächerten, schwarzen Rand. Bei einem stärkeren Befall ist auch ein frühzeitiger Laubfall möglich.

Vorbeugen und bekämpfen

Im Regelfall genügt es, das vom Pilz infizierte Falllaub vor Eintritt des Frühjahrs (Sporenverbreitung) zu entfernen.

Kommt auch vor an

Die Blattbräune tritt ausschließlich am Berg-Ahorn auf, keine andere Ahornart wird von ihm befallen.

Hörnchengallmilbe

Aceria macrorhyncha
Gallmilbe

Steckbrief

Mehrere Generationen pro Jahr. Die Gallmilben überwintern unter Knospenschuppen oder in Rindenritzen. Zur Zeit des Laubaustriebs verlassen sie ihre Winterquartiere und besiedeln die jungen Blätter des Berg-Ahorns. Durch ihre Saugtätigkeit wird die Pflanze angeregt, kleine Gallen auszubilden, in denen die Tiere dann leben und sich vermehren. Bereits ab dem Sommer verlassen sie die Gallen wieder auf dem Weg zu ihren Winterquartieren.

Symptome und Schadbild

Teils großflächig tritt auf der Blattoberseite eine Vielzahl kleiner, meist rötlich gefärbter Gallen auf (etwa 2 mm hoch). Im Längsschnitt zeigt sich ein Hohlraum, in dem die kleinen Tiere gesellig und geschützt vor äußeren Umwelteinflüssen und Feinden leben. Die restliche Blattfläche bleibt weiter grün gefärbt.

Vorbeugen und bekämpfen

Zur Bekämpfung genügt es, die Blätter im Sommer zu entfernen und so eine Abwanderung zu verhindern. Einsatz von geeigneten Pflanzenschutzmitteln während des Laubaustriebs bei einem stärkeren Vorjahresbefall.

Ganz nah dran

Die Gallmilben sind nur 0,2 mm groß, von länglicher Gestalt, hell gefärbt und besitzen zwei vordere Beinpaare.

Ahorn

Auf einen Blick

- rötlich gefärbte, kleine Gallen auf der Blattoberseite
- kommt an Berg-Ahorn vor
- Laubentfernung zur Bekämpfung bereits im Sommer notwendig

Ahorn

Auf einen Blick

- weißer, mehliger Belag am Blatt
- Überwinterung im Falllaub
- spezifisch nur an Ahorn auftretend

Echter Mehltau

Verschiedene Arten
Pilz

Steckbrief

Die Überwinterung der Echten Mehltaupilze am Ahorn erfolgt im Falllaub innerhalb der dort gebildeten Fruchtkörper (Kleistothecien). Im Frühjahr entstehen Sporen, die während des Laubaustriebs für eine erste Infektion und anschließende Symptomausbildung sorgen. Die vergleichbar einem Zyklus über die Vegetationszeit hinweg gebildeten Sporen sorgen dann für eine weitere Ausbreitung des Pilzes. Zum Herbst hin werden dickwandige Fruchtkörper gebildet.

Symptome und Schadbild

Je nach Mehltau- und Ahornart zeigt sich auf der Blattoberseite (z. T. auch blattunterseits) ein weißlicher, mehliger Belag, der die ganze Blattspreite befallen kann oder auch nur entlang der Blattadern auftritt. Innerhalb dieses weißen Geflechtes werden im Herbst etwa 0,1 mm große, anfangs noch gelblich, später deutlich dunkel gefärbte Kügelchen (Fruchtkörper) sichtbar. Ein stärkerer Befall führt zu Wachstumshemmungen der Pflanze, teils auch zum verfrühten Laubfall.

Vorbeugen und bekämpfen

Eine Laubentfernung im Herbst unterbindet wirkungsvoll die Überwinterung des Pilzes. Bei Bedarf frühzeitiger Einsatz von Fungiziden.

Nicht verwechseln!

Mehltaupilze am Ahorn befallen spezifisch nur diese Pflanzengattung, andere Pflanzen (Rose, Wein, Phlox) sind nicht durch ihn gefährdet.

Petrakia-Blattbräune

Petrakia echinata
Pilz

Steckbrief

Nach der Überwinterung im Falllaub bildet der Pilz Fruchtkörper und Sporen aus, die dann mit Wasserspritzern auf die Blätter übertragen werden. Nach der Symptomausbildung entstehen erneut Sporen, die für eine weitere Ausbreitung des Pilzes sorgen. Die Petrakia-Blattbräune tritt nur regional und auch nicht regelmäßig in gleicher Intensität auf.

Symptome und Schadbild

Vergleichsweise spät im Jahr entstehen Blattflecken, die graubraun gefärbt sind und eine Größe von bis zu 6 cm erreichen. Häufig finden sie sich in Blattstielnähe oder auch am Blattrand. Bei einem stärkeren Befall trocknen die Blätter ein und können auch frühzeitig abfallen. Die später im Blatt gebildeten Fruchtkörper sind als dunkle Punkte am Rand der Flecken nachweisbar. Erkennbar sind die Flecken sowohl von der Blattober- als auch von der Blattunterseite.

Vorbeugen und bekämpfen

Zur Bekämpfung genügt es die Blätter im Herbst zu entfernen. Ein Fungizideinsatz im Frühjahr erübrigt sich meist.

Kommt auch vor an

Ausschließlich der Berg-Ahorn kann von der Petrakia-Blattbräune befallen werden.

Ahorn

Auf einen Blick

- Überwinterung im Falllaub
- große, grau gefärbte Blattflecken
- verstärktes Auftreten im Herbst

Ahorn

Rußrindenkrankheit

Cryptostroma corticale
Pilz

Steckbrief

Besonders durch Trockenheit und Hitze geschwächte Bäume können von diesem, bisher nur regional in Deutschland aufgetretenen Pilz infiziert werden. Betroffen ist hauptsächlich der Berg-Ahorn, weniger andere Ahornarten. Nach dem Absterben des Baumes werden am Stamm in hoher Zahl Sporen gebildet, die die Verbreitung des Pilzes sichern.

Symptome und Schadbild

Es beginnt meist mit dunklen Schleimflussflecken, die sich am Stamm ausbilden, sowie abgestorbenem Gewebe in der Rinde. Die Krankheit führt innerhalb eines Jahres oder auch über mehrere Jahre hinweg zum Tod des Baumes. Anschließend blättert die Rinde am unteren Teil des Stammes unter gleichzeitiger Bildung eines großflächigen, grauschwarzen Sporenbelages ab.

Vorbeugen und bekämpfen

Eine gute Wasserversorgung der Pflanzen beugt einer Erkrankung vor. Bereits abgestorbene Bäume sollte man nur geschützt durch einen Mundschutz entfernen, da die abgegebenen Sporenmassen beim Menschen zu allergischen Reaktionen der Atemwege führen.

Auf einen Blick

- tritt bevorzugt am Berg-Ahorn auf
- großflächig abgestorbene Rinde am Stammfuß
- massive Sporenfreisetzung (Mundschutz zur Rodung erforderlich)

Ganz nah dran

Die Zahl der gebildeten Sporen ist riesig: Pro Quadratzentimeter befallener Rindenoberfläche werden bis zu 170 Millionen Sporen freigesetzt.

Teerfleckenkrankheit

Rhytisma acerinum
Pilz

Ahorn

Steckbrief

Der Pilz überdauert im Falllaub innerhalb der von ihm besiedelten dunklen „Teerflecken". Im Frühjahr bilden sich auf diesen Flächen kleine Fruchtkörper und Sporen aus, die mit dem Wind und mit Wasserspritzern auf andere Ahornblätter gelangen. Spitz-Ahorn wird hierdurch bevorzugt befallen. Nach der Infektion bleibt der Pilz auf die im Laufe der Zeit größer werdenden Flecken beschränkt.

Symptome und Schadbild

Befallen werden von dem Pilz ausschließlich die Blätter von Ahornarten, meist die der unteren Blattetagen. Triebe und Früchte werden nicht geschädigt. Blattoberseits sind deutliche, im Jahresverlauf bis zu 2 cm große, rundliche Flecken erkennbar. Sie besitzen eine schwarze Farbe („Teerflecken") mit einer schmalen, deutlich gelben äußeren Umrandung. Auf einem Blatt können sich mehrere dieser Flecken entwickeln. Die nicht befallene Blattspreite bleibt weiter grün. Die Flecken schrumpfen im Frühjahr auf dem Falllaub deutlich ein („Ahornrunzelschorf").

Vorbeugen und bekämpfen

Da der Schaden an der Pflanze gering ist, genügt es das Herbstlaub vor dem Frühjahr, also vor der Sporenabgabe, zu entfernen. Eine Behandlung mit Fungiziden, sofern notwendig, ist nur im Frühjahr erfolgreich möglich.

Nicht verwechseln!

Ein nah verwandter Pilz mit einem fast identischen Schadbild tritt auch an Weiden auf.

Auf einen Blick

- große, schwarze Blattflecken mit gelbem Rand
- Laubentfernung vor dem Frühjahr genügt für eine Bekämpfung
- die Pflanze wird nur wenig geschädigt

Ahorn

Auf einen Blick

- bodenbürtiger Pilz, der Dauerkörper ausbildet
- sektorenweise auftretende Welkesymptome der Krone
- Ahornarten sind hochanfällig gegenüber dem Pilz

Verticillium-Welke

Verticillium dahliae
Pilz

Steckbrief

Mit Hilfe seiner Dauerkörper (Mikrosklerotien) ist es dem Pilz möglich, für viele Jahre im Boden zu überdauern. Die Infektion erfolgt über die Wurzel, wobei sich der Pilz anschließend im Gefäßsystem der Pflanze ausbreitet und durch ausgelöste Wechselwirkungen mit der Pflanze und die Abgabe von Toxinen zu Schadsymptomen führt.

Symptome und Schadbild

Der Krankheitsverlauf kann akut sein, was zu einem raschen Absterben der Pflanze führt, oder auch chronisch, sodass die Pflanzen über mehrere Jahre hinweg kränkeln. Typische Schadsymptome sind ein sektorweises Absterben der Krone, dunkle Verfärbungen im äußeren Holzbereich (nach Anschnitt von Ästen oder Zweigen sichtbar) oder auch größere Längsrisse am Stamm, die aber auch andere Ursachen haben können. Eine Infektion der Pflanze wird durch Stressfaktoren (z. B. Wassermangel) deutlich gefördert.

Vorbeugen und bekämpfen

Neue Pflanzflächen sollten durch einen Bodentest auf die Anwesenheit von Dauerkörpern untersucht werden (Pflanzenschutzamt). Eine direkte Bekämpfung des Pilzes mit Fungiziden ist nicht möglich.

Kommt auch vor an

Neben Ahorn, der als sehr anfällige Wirtspflanze einzustufen ist, kann der Pilz an rund 70 Ziersträuchern und Laubbäumen schädigend auftreten (u. a. Kastanie, Robinie, Esche).

Weißfleckigkeit

Cristulariella depraedans
Pilz

Steckbrief

Mit Hilfe seiner dunklen, mikroskopisch kleinen Dauerkörper überwintert der Pilz im Falllaub. Im Frühjahr gebildete Sporen werden dann mit dem Wind und mit Wasserspritzern insbesondere auf die bodennahen Blätter übertragen. Auf den hier entstehenden Flecken werden ihrerseits wieder Sporen ausgebildet, die für eine weitere, zyklusartige Vermehrung über die gesamte Vegetationszeit sorgen.

Symptome und Schadbild

Auf der Blattoberseite bilden sich runde, weiß gefärbte, etwa 1 cm große Flecken aus, die teils von einer dunklen Randzone umgeben sind. Auf einem Blatt können viele Flecken auftreten, auch können diese zu größeren Einheiten zusammenfließen. Die blattunterseits gebildeten Vermehrungseinheiten zeigen sich als gestielte Sporenköpfe, die flächig dicht aneinander stehen. Befallen wird ausschließlich der Berg-Ahorn.

Vorbeugen und bekämpfen

Die Laubentfernung im Herbst genügt als vorbeugende Maßnahme, um eine Infektion im Frühjahr zu vermeiden.

Nicht verwechseln!

Das Schadbild ähnelt sehr dem des Echten Mehltau. Eine sichere Unterscheidung ist nur bei näherer Lupenbetrachtung möglich.

Ahorn

Auf einen Blick

- tritt ausschließlich am Berg-Ahorn auf
- bis zu 1 cm große, weiß gefärbte Blattflecken
- meist nur auf unteren Blattetagen lokalisiert

Zikaden

Verschiedene Arten
Zikade

Steckbrief

1–2 Generationen pro Jahr. Meist treten an Ahornblättern Zikaden aus der Familie der Zwergzikaden schädigend auf. Diese überwintern als Ei in den Trieben und schlüpfen als Larve nach dem Laubaustrieb. Insgesamt werden fünf Larvenstadien durchlaufen. Die Tiere sind hell gefärbt, 2–4 mm groß und haben eine stromlinienförmige Gestalt. Auffällig ist ihre dachförmige Flügelstellung. Eine trockenwarme Witterung fördert das Auftreten.

Symptome und Schadbild

Häufig beginnt der Befall entlang der Blattadern. Die Tiere sitzen blattunterseits, verlassen jedoch die Blätter auch springend, sobald sie gestört werden. Die weißen Häutungsreste finden sich ebenfalls auf der Blattunterseite und sind ein guter Nachweis für einen Befall mit Zwergzikaden. Der unmittelbare Schaden für die Blätter ist gering, da die verbleibende Blattspreite weiter grün bleibt. Ein Laubfall tritt in der Regel nicht auf.

Vorbeugen und bekämpfen

Eine Herbstlaubentfernung trägt nicht zur Bekämpfung der Zikaden bei. Es bleibt nur der Einsatz von Insektiziden im Frühjahr zur Larvenbekämpfung, insbesondere bei einem stärkeren Vorjahresbefall.

Auf einen Blick

- feine Sprenkelung entlang der Blattadern
- kleine, hell gefärbte, oft wegspringende Tiere
- Überwinterung als Ei in den Trieben

Nicht verwechseln!

Das Schadbild ähnelt auf den ersten Blick einem Befall mit Spinnmilben, da sich auf der Blattoberseite kleine helle Punkte zeigen, die in der Summe eine feine Sprenkelung ergeben.

Berberitzenblattwespe

Arge berberidis
Blattwespe

Steckbrief

2 Generationen pro Jahr. Nach der Verpuppung der Larven im Boden schlüpfen ab Ende April die geflügelten Blattwespen der ersten Generation. Diese sind etwa 1 cm groß und blaumetallisch gefärbt, wobei deren graue Flügel eine fein verzweigte Flügelstruktur besitzen. Sie legen ihre Eier auf die Blattunterseite und ab Mai erscheinen dann die ersten, bunt gefärbten Larven. Als Blattwespenlarve (Afterraupe) besitzen sie nach den ersten drei Brustbeinpaaren nur ein beinloses Segment. Nach der Abwanderung der Larven in den Boden erscheinen die Blattwespen der zweiten Generation etwa ab August, die aus den Eiern geschlüpften Larven dann ab September.

Symptome und Schadbild

Die Larven treten meist gesellig an den Blättern auf, wobei der Fraß bevorzugt vom Blattrand her bis teils zur Mittelrippe erfolgt. Bei einem stärkeren Befall ist auch ein Kahlfraß möglich, dies gilt insbesondere für die zweite Generation im Spätsommer. Neben Berberitzen werden z. T. auch Mahonien geschädigt.

Vorbeugen und bekämpfen

Frühzeitiges Absammeln der ab Mai und September auftretenden Larven. Einsatz von Insektiziden gegen die Larven.

Ganz nah dran

Die Larven werden bis zu 2 cm groß, sind weißlich gefärbt mit gelben und schwarzen Flecken oder Warzen und haben einen dunklen Kopf.

Berberitze

Auf einen Blick

- hell-bunt gefärbte Larven sorgen für Blattfraß
- Überwinterung als Puppe im Boden
- ein Kahlfraß der Pflanzen ist möglich

Getreideschwarzrost

Puccinia graminis
Pilz

Steckbrief

Der Pilz überwintert in Form von speziellen Wintersporen an den Halmen und Blättern von Getreide. Die hier im Frühjahr gebildeten Sporen werden mit dem Wind auf die Berberitze übertragen und infizieren diese. Dort werden im selben Frühjahr wiederum Sporen gebildet, die mit dem Wind wieder auf Getreide übertragen werden, auf dem sich dann der Pilz weiter entwickelt. Die Infektion der Berberitzen erfolgt stets über das Getreide im Frühjahr.

Symptome und Schadbild

Auf der Berberitze bilden sich im Frühjahr blattoberseits rötlich-orangefarbene Flecken (teils mit einem gelben Hof), wobei anschließend blattunterseits deutliche Pusteln entstehen, die gelbe Sporen abgeben. Auch Triebe können Symptome zeigen. Betroffen ist insbesondere die Art *Berberis vulgaris* mit ihren Sorten. Am Getreide entstehen über den Sommer braune Sporenlager an den Blattscheiden und Halmen.

Vorbeugen und bekämpfen

Räumliche Nähe zu Getreide meiden. Auf weniger anfällige Arten ausweichen (z. B. *Berberis thunbergii*). Einsatz von Fungiziden im zeitigen Frühjahr, um eine Infektion zu vermeiden.

Auf einen Blick

- der Pilz vollzieht einen Wirtswechsel zwischen Getreide und Berberitze
- Schadsymptome treten an Berberitzen nur im Frühjahr auf
- Berberitzen können sich gegenseitig nicht anstecken

Ganz nah dran

Im Herbst bilden sich am befallenen Getreide großflächig schwarze Sporenlager aus („Getreideschwarzrost“).

Echter Mehltau

Verschiedene Arten
Pilz

Steckbrief

Die Überwinterung der Mehltaupilze erfolgt in kleinen Fruchtkörpern im infizierten Laub. Darin im Frühjahr gebildete Sporen werden mit dem Wind auf die jungen Blätter übertragen. Nach der Infektion und Symptomausbildung werden dort erneut Sporen gebildet, die für eine weitere, zyklusartige Verbreitung des Pilzes innerhalb der Vegetationszeit sorgen. Zum Herbst hin entstehen wieder die überwinternden Fruchtkörper.

Symptome und Schadbild

Je nach auftretendem Mehltaupilz zeigt sich bevorzugt auf der Blattober- oder der Blattunterseite ein weißlicher, mehliger Pilzbelag. Insbesondere bei rotlaubigen Sorten ist der Befall der Blattoberseite augenfällig. Hinsichtlich der Jahreszeit treten die Symptome verstärkt ab dem Sommer auf. Die in hoher Zahl auf den Blättern im Herbst gebildeten Fruchtkörper sind dunkel gefärbt und etwa 0,2 mm groß.

Vorbeugen und bekämpfen

Entfernung des mit Fruchtkörpern bestückten Laubes im Herbst. Einsatz von Fungiziden während der Vegetationszeit.

Kommt auch vor an

Je nach Mehltaupilz tritt der Erreger bei einem Befall der Blattoberseite nur an Mahonie und Berberitze auf oder aber bei einem Belag auf der Blattunterseite an einer Vielzahl von Gehölzen und Sträuchern.

Berberitze

Auf einen Blick

- pilzabhängig können außer der Berberitze auch andere Pflanzen befallen werden
- mehliger, weißer Belag an den Blättern
- Überwinterung des Pilzes im Falllaub

Birkenrost

Melampsoridium betulinum
Pilz

Steckbrief

Der Pilz überwintert im infizierten Falllaub der Birke in Form spezieller Wintersporen (Teleutosporen). Aus diesen entwickeln sich Sporen, die über eine Windverbreitung die Nadeln der Lärche infizieren. Nach einer Symptomausprägung auf der Lärche werden Sporen gebildet und auf die Blätter der Birke übertragen. Dort entstehen in mehrfachen Zyklen wiederum Sporen, die weitere Birkenblätter, aber auch das Laub anderer Bäume infizieren können. In den zum Herbst hin in den Blättern gebildeten Wintersporen überdauert dann der Pilz.

Symptome und Schadbild

Auf der Blattoberseite der Birkenblätter zeigen sich im Sommer eine Vielzahl gelber, kleiner, teils auch zusammenfließender Flecken. Blattunterseits bilden sich ausstäubende Pusteln in ebenfalls gelber Farbe. Bei einem starken Befall ist ein frühzeitiger Laubfall möglich. Die Nadeln infizierter Lärchen zeigen im Frühjahr rötliche Sporenlager.

Vorbeugen und bekämpfen

Bei gefährdeten Birkenarten räumliche Nähe zu Lärchen meiden. Laubentfernung im Herbst (verhindert eine Lärcheninfektion). Einsatz von Fungiziden.

Auf einen Blick

- Birkenblätter mit gelben Pusteln blattunterseits
- Wirtswechsel zur Lärche
- Übertragung der Sporen mit dem Wind

Ganz nah dran

In seltenen Fällen kann der Pilz auch in Lärchenknospen oder den Trieben der Birke überwintern, sodass bereits im Frühjahr von dort eine Windübertragung der Sporen auf Birkenblätter möglich ist.

Filzgallmilbe

Eriophyes longisetosus
Gallmilbe

Birke

Steckbrief

Mehrere Generationen pro Jahr. Filzgallmilben überwintern in Knospenschuppen oder Rindenritzen und verlassen zum Laubaustrieb ihre Winterquartiere, um die Blätter zu besiedeln. In den durch die Saugtätigkeit entstandenen, filzigen Gallen leben sie geschützt vor Witterungseinflüssen und Feinden. Bereits im Sommer verlassen sie ihre Gallen wieder und suchen die Winterlager auf. Die hier beschriebene Art tritt ausschließlich an Birken auf.

Symptome und Schadbild

Insbesondere auf der Blattoberseite, weniger blattunterseits, zeigen sich teils großflächige, rötlich gefärbte Filzgallen. Meist sind einzelne Astbereiche stärker befallen. Die hier geschützt lebenden Tiere lassen sich aufgrund ihrer geringen Größe nur bei stärkerer Vergrößerung erkennen. Der Schaden für die Pflanzen ist meist nur gering.

Vorbeugen und bekämpfen

Entfernen der befallenen Blätter noch im Sommer vor der Abwanderung der Tiere. Einsatz von Pflanzenschutzmitteln in der Zeit des Laubaustriebs.

Ganz nah dran

Gallmilben sind nur 0,2 mm groß und mit bloßem Auge nicht zu erkennen.

Auf einen Blick

- auffällig rot gefärbte Filzgallen blattunterseits
- die Tiere sind mit bloßen Auge nicht erkennbar
- diese Art tritt nur bei der Birke auf

Birke

Auf einen Blick

- Überwinterung als Puppe im Boden
- im Frühjahr rundliche Platzminen im Blatt
- im Sommer runde Löcher im Blatt

Schildkrötenmotte

Verschiedene *Incurvaria*-Arten
Schmetterling

Steckbrief

1 Generation pro Jahr. Nach der Überwinterung im Boden und der Verpuppung im Frühjahr fliegen die unscheinbaren, bräunlich gefärbten Falter ab April. Sie legen ihre Eier auf Birkenblättern ab und die daraus geschlüpften Larven bohren sich einzeln in das Blatt ein. Der erste Abschnitt der Larvenentwicklung erfolgt als Minierer im Blatt. Später im Jahr wird der umliegende Blattbereich von der Larve ausgeschnitten und fällt anschließend als sandwichartiges Paket zu Boden. Die weitere Larvenentwicklung bis zur Puppenbildung im Herbst findet nun im Boden statt, wobei sich die Larven jetzt von abgestorbener Pflanzensubstanz ernähren.

Symptome und Schadbild

Im Frühjahr rundlich-ovale Platzminen (Minen mit breiter Ausdehnung, im Gegensatz zu Gangminen) mit einem Durchmesser von 4–5 mm, die verteilt zu mehreren auf dem Blatt auftreten. Im Gegenlicht sind die dort enthaltenen Larven gut erkennbar. Zum Sommer hin finden sich grüne Blätter mit scheinbar ausgestanzten Löchern.

Vorbeugen und bekämpfen

Entfernen der noch mit Minen besetzten Blätter im Frühjahr. Der Einsatz von Insektiziden im Frühjahr erübrigt sich meist.

Kommt auch vor an

Neben der Birke können artabhängig eine Reihe anderer Laubgehölze befallen werden (u. a. Haselnuss, Hainbuche, Erle oder Hartriegel).

Buchengallmilbe

Eriophyes nervisequus fagineus
Gallmilbe

Steckbrief

Mehrere Generationen pro Jahr. Hinter Rindenritzen oder Knospenschuppen der Rot-Buche überdauern die nur etwa 0,2 mm großen Gallmilben den Winter. Wenn das Laub auszutreiben beginnt, verlassen sie ihre Winterlager und besiedeln die jungen Blätter, die nach der Saugtätigkeit charakteristische, haarfilzartige Strukturen aufweisen. In diesen Filzgallen leben die Gallmilben und vermehren sich. Bereits zeitig im Jahr, etwa ab Juli, verlassen die Tiere wieder die Blätter, um ihre Winterlager aufzusuchen.

Symptome und Schadbild

Befallene Blätter tragen blattunterseits lokal durch die Blattadern begrenzte, dichtfilzige, weiß gefärbte Strukturen, die häufig verstärkt am Blattrand auftreten. Auf einem Blatt sind meist mehrere dieser Filzgallen zu sehen. Die Blattoberseite zeigt dabei grundsätzlich keine Schadsymptome.

Vorbeugen und bekämpfen

Frühzeitiges Absammeln befallener Blätter bis zum Sommer. Einsatz von Pflanzenschutzmitteln in der Zeit des Laubaustriebs (Wanderphase der Tiere).

Kommt auch vor an

Neben der grünblättrigen Rot-Buche treten die Gallmilben auch an den Blättern der Blut-Buche auf. Hier sind die filzigen Strukturen jedoch nicht weiß, sondern deutlich rot gefärbt.

Buche

Auf einen Blick

- auffällige Filzgallen auf der Blattunterseite
- Überwinterung der Tiere hinter Rindenritzen
- die Gallmilben sind mit bloßem Auge nicht erkennbar

Buche

Buchengallmücke

Mikiola fagi
Gallmücke

Steckbrief

1 Generation pro Jahr. In den Gallen, die in der Bodenstreu liegen, überwintern die Tiere. Aus den Gallen schlüpfen ab etwa Anfang April die 3–5 mm kleinen Gallmücken und legen ihre bis zu 300 Eier in die Knospen. Die später schlüpfende Larve induziert am Blatt durch ihre Saugtätigkeit eine Galle, in der die beinlose Larve bis zu ihrer Verpuppung im nächsten Frühjahr lebt und zu einer Größe von 4 mm heranwächst.

Symptome und Schadbild

Die meist 3–5 mm großen Gallen treten bevorzugt zu mehreren entlang der Blattadern auf der Blattoberseite auf. Sie sind leicht bauchig, am oberen Ende deutlich zugespitzt, grün bis rot gefärbt und blattunterseits geöffnet. Im Herbst löst sich meist die Galle vom Blatt und wird von innen durch die Larve verschlossen.

Vorbeugen und bekämpfen

Da die Auswirkungen auf die Pflanze eher gering sind, genügt es befallene Blätter im Herbst zu entfernen. Oft stellen sich auch Nützlinge ein, die das Auftreten auf natürliche Weise begrenzen.

Auf einen Blick

- bauchige, oben zugespitzte Galle auf der Blattoberseite
- hell gefärbte Larve im Galleninneren
- meist sind mehrere Gallen auf einem Blatt zu finden

Ganz nah dran

Nach einem Längsschnitt der Galle zeigen sich eine dicke Wandung sowie die im Innern lebende, hell gefärbte Larve.

Buchenminiermotte

Verschiedene Arten
Schmetterling

Buche

Steckbrief

Mehrere Generationen pro Jahr (artabhängig). An Buchenblättern treten verschiedene Miniermottenarten auf, die in ihrer Symptomatik unterschiedlich sind, jedoch eine ähnliche Biologie aufweisen. Die Überwinterung erfolgt meist als Puppe im Falllaub, aus der etwa ab April die kleinen Falter schlüpfen. Sie haben eine Spannweite von 5–10 mm und legen ihre Eier an die Blätter der Buche. Nach dem Schlüpfen der Larven findet die weitere Entwicklung bis zur Verpuppung als Minierer im Blatt statt.

Symptome und Schadbild

Je nach Art der Tiere sind die Miniergänge unterschiedlich geformt. Die Art *Phyllonorycter maestigella* bildet beispielsweise eine breitovale Mine zwischen zwei Blattadern aus, die teils auch leicht gefaltet ist. Blattoberseits ist an dieser Stelle eine Vielzahl heller Punkte zu sehen. Eine andere Art, *Stigmella tityrella*, frisst einen feinen Miniergang in die Blätter, der von der Hauptader des Blattes in Richtung Blattrand verläuft. Zum Herbst hin behalten die Blätter im Umfeld der Mine noch recht lange ihre grüne Blattfarbe.

Vorbeugen und bekämpfen

Da der Schaden allein optischer Natur ist, genügt es vorbeugend die Blätter vor dem Schlupf der Falter zu entfernen.

Kommt auch vor an

Die verschiedenen Buchenminiermotten treten nur an Buchenblättern auf, Minengänge in anderen Pflanzen werden durch andere Miniermottenarten hervorgerufen.

Auf einen Blick

- artabhängig werden unterschiedliche Minen ausgebildet
- der Schaden an den Blättern ist nur gering
- Überwinterung meist als Puppe im Falllaub

Buchenspringrüssler

Rhynchaenus fagi
Käfer

Steckbrief

1 Generation pro Jahr. Der sprung- und flugfähige, nur etwa 2 mm große Käfer überwintert in der Bodenstreu oder unter der Rinde. Zur Zeit des Laubaustriebs legt er nach einem kurzen Blattfraß seine Eier einzeln an die Mittelader der Blätter ab, wobei die weitere Larvenentwicklung als Minierer im Blatt erfolgt. Nach der Verpuppung im Blatt treten die ersten Käfer dann wieder ab Juni auf. Diese besiedeln noch kurz die Blätter, wandern jedoch bald zur Überwinterung in die Bodenstreu ab.

Symptome und Schadbild

Im Frühjahr vom Käfer besiedelte Blätter weisen eine Vielzahl kleiner Fraßlöcher auf. Später zeigt sich eine verbräunte Mine, ausgehend von der Mittelader, die sich zum Blattrand hin dann deutlich erweitert (Platzmine). Im Innern der Mine befindet sich eine weiß gefärbte, beinlose Larve. Da die Käfer im Frühjahr zum Teil Blattstiele anfressen, kann es zu einem vorzeitigen Laubfall kommen. Während des Laubaustriebs und etwa ab Juni sind die dunklen Käfer auf den Blättern zu sehen.

Vorbeugen und bekämpfen

Bei kleinen Pflanzen und einem Einzelbefall genügt das Absammeln der befallenen Blätter im Frühjahr vor dem Schlupf der Käfer. Insektizide können während des Blattaustriebs zur Bekämpfung der Käfer eingesetzt werden.

Auf einen Blick

- Lochfraß durch die Käfer im Frühjahr
- Minierfraß an den Blättern durch die Larven
- Überwinterung als Käfer in der Bodenstreu

Nicht verwechseln!

Bei einer nur flüchtigen Betrachtung kann man das Schadbild leicht für einen Spätfrostschaden halten.

Buchenwolllaus

Phyllaphis fagi
Blattlaus

Steckbrief

Mehrere Generationen pro Jahr. Als Ei überwintern die Läuse an Zweigen und Trieben. Die daraus schlüpfenden Tiere besiedeln rasch die jungen Blätter und vermehren sich dort, später auftretende, geflügelte Tiere sorgen für eine weitere räumliche Ausbreitung. Zum Sommer hin fällt die Vermehrungsrate der Tiere deutlich ab, bis schließlich die im Herbst gebildeten Geschlechtstiere ihre schwarz gefärbten Eier zur Überwinterung ablegen. Über das Jahr hinweg erfolgt dagegen die Vermehrung durch Lebendgebärung und ohne männliche Tiere. Heckenpflanzen werden bevorzugt befallen.

Symptome und Schadbild

Insbesondere am jungen Austrieb finden sich blattunterseits eine Vielzahl der weißlich aussehenden Tiere. Sie scheiden reichlich Honigtau aus, der den Blättern ein glänzendes Aussehen gibt. Schwarze Rußtaupilze besiedeln dann später diese Flächen. Stärker befallene Blätter rollen sich vom Blattrand her nach unten ein und verfarben sich braun. Nicht selten ist auch ein frühzeitiger Laubfall die Folge.

Vorbeugen und bekämpfen

Entfernung stärker befallener Blätter im Frühjahr vor der Ausbildung geflügelter Tiere. Einsatz von Pflanzenschutzmitteln während des Laubaustriebs.

Ganz nah dran

Die Tiere sind nur 3 mm groß, erscheinen jedoch durch ihre reichlich ausgebildete, weiße Wachswolle größer.

Buche

Auf einen Blick

- weiß-wollige Ansammlungen auf der Blattunterseite
- Ausscheidung von klebrigem Honigtau
- insbesondere an Heckenpflanzen auftretend

Auf einen Blick

- Larven mit Wachswolle auf der Blattunterseite
- Ausscheidung von klebrigem Honigtau
- Überwinterung als junge Larve am Buchsstrauch

Buchsbaumblattfloh

Psylla buxi
Blattsauger

Steckbrief

1 Generation pro Jahr. Die jungen, nur 0,5 mm großen Larven überwintern unter den Knospenschuppen und besiedeln von dort die jungen Blätter im Frühjahr. Sie besitzen auffällige, weiß gefärbte Wachsausscheidungen, sind deutlich abgeflacht und saugen an den Blättern. Nach einer mehrwöchigen Entwicklung treten ab Anfang Juni die erwachsenen Tiere auf. Ihre Eier legen die Tiere im Sommer in die äußeren Knospenschuppen, zwischen denen dann die jungen Larven überwintern.

Symptome und Schadbild

Zum Frühjahr findet sich an den jungen Blättern lokal eine Vielzahl von Larven mit einer auffälligen Wachswolle. Durch die Saugtätigkeit wölbt sich das Blatt löffelartig nach oben („Löffelblättrigkeit") und bietet hier den Larven eine gute Versteckmöglichkeit. Zusätzlich wird Honigtau ausgeschieden, der nachträglich von Rußtaupilzen besiedelt wird. Geflügelte, bei Gefahr davonspringende Tiere treten ab Juni an den Pflanzen auf.

Vorbeugen und bekämpfen

Frühzeitiger Rückschnitt lokal stärker befallener Triebe im Frühjahr. Einsatz von Insektiziden noch vor dem Laubaustrieb oder auch im Frühjahr gegen die jungen Larven.

Ganz nah dran

Die erwachsenen Tiere sind grünlich gelb gefärbt und etwa 4 mm groß, sie tragen dachförmige, den Körper deutlich überragende Flügel und springen bei einer Störung rasch weg.

Buchsbaumgallmücke

Monarthropalpus buxi
Gallmücke

Steckbrief

1 Generation pro Jahr. Nach der Überwinterung als Puppe im Blatt schlüpfen ab Mai die Gallmücken. Diese legen ihre Eier bevorzugt auf die Blattunterseite junger Blätter, wobei sich die schlüpfenden Larven dann für den Rest ihrer Entwicklung im Blattgewebe befinden. Die beinlosen Larven sind meist rötlich gefärbt und werden 2 mm groß.

Symptome und Schadbild

Zu einem frühen Befallszeitpunkt sind blattoberseits nur einzelne Punkte erkennbar, erst im Gegenlicht ist erkennbar, dass sich darunter ein Hohlraum befindet in dem eine junge Larve miniert. Zum Sommer hin werden diese Minen deutlich größer, wölben sich auch beulenartig auf und fließen sogar zu größeren, teils ganze Blätter einnehmenden Bereichen zusammen. Ein frühzeitiger Laubfall tritt bei einem starken Befall auf. Folgeschäden ergeben sich, wenn Meisen die Blätter aufpicken, um an die Larven zu gelangen.

Vorbeugen und bekämpfen

Absammeln befallener Blätter vor dem Schlupf der Gallmücken im Frühjahr. Es existieren sortenabhängige Unterschiede in der Anfälligkeit der Buchspflanzen. Einsatz von Insektiziden zur Flugzeit der Gallmücken, um eine Eiablage zu verhindern.

Ganz nah dran

Die erwachsenen Gallmücken sind orange gefärbt und etwa 4 mm groß.

Auf einen Blick

- beulenförmige Gallen auf der Blattfläche
- orange gefärbte, beinlose Larven im Inneren der Gallen
- Überwinterung als Puppe im Blatt

Buchsbaumspinnmilbe

Eurytetranychus buxi
Spinnmilbe

Steckbrief

Mehrere Generationen pro Jahr. Die Tiere überwintern auf der Blattunterseite als Eier, die nur bei stärkerer Vergrößerung erkennbar sind. Im Frühjahr erfolgt der Schlupf der sechsbeinigen Larve, wobei alle weiteren Entwicklungsstadien die für Spinnentiere charakteristischen 8 Beine besitzen. Alle Stadien saugen an den Pflanzen. Die Vermehrung über die Vegetation hinweg erfolgt ebenfalls durch die jeweilige Ablage von jeweils 30 Eiern der bis zu 1 Monat lang lebenden Weibchen. Trocken-warme Witterung fördert das Auftreten der Spinnmilben, die nur auf Buchs vorkommen.

Symptome und Schadbild

Von den Spinnmilben befallene Blätter zeigen eine feine, helle Blattsprenkelung. Besiedeln die jungen Stadien bevorzugt die Blattunterseite, treten die älteren, sehr laufaktiven Stadien vermehrt auf der Blattoberseite auf. Ein starker Befall kann einen Laubfall zur Folge haben. Junge Blätter werden bevorzugt von den Spinnmilben besiedelt.

Vorbeugen und bekämpfen

Bei der Pflanzung weniger anfällige Sorten bevorzugen. Bekämpfung der überwinternden Eier mit einem ölhaltigen Produkt. Einsatz von Akariziden während der Vegetation.

Auf einen Blick

- helle Blattsprenkelung als Schadbild
- Förderung des Schadens durch trocken-warme Witterung
- Einzeltiere sind knapp 0,5 mm groß und rötlich gefärbt

Ganz nah dran

Das erste Beinpaar der erwachsenen, rötlich gefärbten Tiere ist auffällig verlängert.

Buchsbaumsterben

Cylindrocladium buxicola
Pilz

Steckbrief

Mit Hilfe seiner mikroskopisch kleinen Dauersporen im abgefallenen Laub kann der Pilz für mehrere Jahre im Boden überdauern. Infektionen während der Vegetationszeit erfolgen über windübertragbare Sporen, die außen an infizierten Blättern und Trieben gebildet werden. Warme, nicht aber heiße Temperaturen sowie eine Blattfeuchte von über 5 Stunden fördern die Infektion.

Symptome und Schadbild

Es beginnt mit dunklen Blattflecken, die rasch zusammenfließen und auf der Blattunterseite bei feuchten Bedingungen einen weißen, flächigen Sporenrasen aufweisen. An den Trieben zeigen sich dunkle Längsstreifen. Der Pilz greift rasch auf benachbarte Pflanzen über. Unter für den Pilz günstigen Bedingungen kommt es zu einem raschen Laubfall und zum Absterben der Pflanzen.

Vorbeugen und bekämpfen

Bei Neupflanzungen weniger anfällige Sorten auswählen. Abgefallenes Laub vorbeugend entfernen, bei bereits zersetzten Blättern oberste Bodenschicht entfernen. Feuchtefördernde Bedingungen vermeiden. Frühzeitiges Entfernen stärker befallener Pflanzen. Der Einsatz von Fungiziden führt nur bei einem vorbeugenden und wiederholten Einsatz zum Bekämpfungserfolg.

Kommt auch vor an

Befallen werden ausschließlich Buchspflanzen, wobei Sortenanfälligkeiten bekannt sind (hochanfällig: *Buxus sempervirens* 'Suffruticosa').

Buchs

Auf einen Blick

- dunkle Blattflecken und Längsstreifen auf den Trieben
- rascher Krankheitsverlauf
- weißlicher Sporenrasen blattunterseits

Buchs

Auf einen Blick

- starke Raupenfraßschäden mit Gespinstbildung
- drei Generationen pro Jahr
- Fraßschäden beginnen im Buschinneren

Buchsbaumzünsler

Cydalima perspectalis
Schmetterling

Steckbrief

3 Generationen pro Jahr. Im Inneren der Buchspflanze überwintern die jungen, einheitlich hell gefärbten Larven in einem Gespinst. Die Verpuppung erfolgt an der Pflanze, wobei die Puppe, ähnlich wie die ältere Larve, auffällig gefärbt ist. Nach dem Schlupf leben die nachtaktiven, weiß gefärbten Falter mit dem dunklen Flügelrand nur knapp 1 Woche und legen ihre Eier als Gelege auf die Blattunterseite ab. Der Buchsbaumzünsler stammt ursprünglich aus dem ostasiatischen Raum.

Symptome und Schadbild

Zunächst erfolgt ein unscheinbarer Schabefraß durch die jungen Larven an den Blättern im Inneren des Busches. Auch die nachfolgenden Fraßschäden beginnen vom Buschinneren und sind dadurch anfangs wenig auffällig. Geschädigte Blätter behalten noch ihre Mittelrippe. Neben den Blättern werden zusätzlich auch Triebe angefressen und sogar ein Kahlfraß ist möglich. Ältere Raupen bilden ein auffälliges Gespinst.

Vorbeugen und bekämpfen

Absammeln der Raupen und Puppen. Einsatz von Insektiziden gegen die Larven und eiablegenden Falter. Verwendung von Pheromonfallen zur Falterflugbestimmung und besseren Spritzterminierung. Regelmäßige Kontrollen auf Befall im Buschinneren.

Ganz nah dran

Ältere Larven werden bis zu 5 cm lang und tragen ein auffälliges, gelbgrünschwarzes Längsmuster.

Buchsrost

Puccinia buxi
Pilz

Steckbrief

Die Überwinterung erfolgt in dickwandigen, dunkelbraun gefärbten Wintersporen (Teleutosporen), die an den Blättern gebildet werden. Die im Frühjahr an diesen Sporen neu entstehenden Sporen sorgen über eine Windverbreitung für eine Infektion der Blätter. Der Pilz wächst innerhalb der Blätter und bildet erst später im Jahr wieder die Wintersporen aus. Eine Neuinfektion der Blätter folgt ausschließlich einmalig zum Frühjahr.

Symptome und Schadbild

Ab dem Spätsommer bilden sich auf den Blättern in oft hoher Zahl rostbraune, etwa 2 mm große Sporenlager aus, die ähnlich einem Punktemuster verteilt auftreten. Im Frühjahr neu infizierte Blätter bleiben lange symptomlos, bei näherer Betrachtung sind sie jedoch etwas dicker im Querschnitt. Der Pilz tritt häufiger an älteren Buchspflanzen auf.

Vorbeugen und bekämpfen

Zur Bekämpfung genügt es vorbeugend, die befallenen Blätter zum Herbst zu entfernen, um eine weitere Ausbreitung zu verhindern.

Kommt auch vor an

Dieser Rostpilz tritt ausschließlich an Buchs auf, ähnliche Symptome an anderen Pflanzen werden durch andere Rostpilzarten hervorgerufen.

Buchs

Auf einen Blick

- blattunterseits auftretende, rostbraune Flecken
- meist erst ab dem Spätsommer auffällig werdend
- bevorzugt an älteren Buchspflanzen vorkommend

Buchs

Auf einen Blick

- miesmuschelartig geformte Schildläuse auf Blättern und Trieben
- die jungen Larven im Frühjahr sind mit bloßem Auge nicht erkennbar
- keine Honigtau- oder Rußtaubildung

Kommaschildlaus

Lepidosaphes ulmi
Schildlaus

Steckbrief

1 Generation pro Jahr. Als größeres Eigelege unter der kommaartigen Hülle des abgestorbenen Weibchens (ca. 3 mm) erfolgt die Überwinterung an den Trieben der Buchspflanze. Die während des Laubaustriebs schlüpfenden Larven (Einzelgröße 0,3 mm) besiedeln von dort aus aktiv oder auch vom Wind passiv weitergetragen das nähere Umfeld. Die Tiere saugen dabei am Pflanzengewebe und werden hier rasch sesshaft. Zum Sommer hin werden geflügelte Männchen gebildet, wobei die Vermehrung aber meist ohne diese erfolgt (Parthenogenese). Ab dem Spätsommer kommt es zur Eiablage des Weibchens unter dem abnehmbaren Schild (Deckelschildlaus).

Symptome und Schadbild

An Trieben und Blättern finden sich braun gefärbte, miesmuschelartig geformte Schildläuse in teils hoher Zahl; der Deckel lässt sich abnehmen. Honigtau und Rußtau werden nicht ausgebildet. Ein starker Befall führt zur Wachstumsreduktion der Pflanze.

Vorbeugen und bekämpfen

Rückschnitt stärker befallener Bereiche im Winter vor dem Schlupf der Larven. Einsatz von Insektiziden während des Laubaustriebs.

Kommt auch vor an

Neben Buchs tritt die Kommaschildlaus auch an einer Reihe anderer Zier- und Obstgehölze schädigend auf.

Volutella-Buchsbaumkrebs

Volutella buxi
Pilz

Steckbrief

Innerhalb spezieller Fruchtkörper, die sich im abgefallenen Laub befinden, überwintert der Pilz. Die hier im Frühjahr gebildeten Sporen werden mit Wind und Wasserspritzern auf neue Pflanzen übertragen und infizieren diese. Über die Vegetationszeit hinweg werden zyklusartig neue Sporen gebildet, die für eine weitere Verbreitung des Pilzes sorgen. Hohe Luft- und Bodenfeuchtigkeit fördern das Auftreten der Krankheit.

Symptome und Schadbild

Schadsymptome treten an Blättern und Trieben auf. Letztere können aufgrund eines Befalls absterben und krebsartige Wucherungen zeigen („Buchsbaumkrebs"). Befallene Blätter verfärben sich, werden blass in der Farbe und erhalten einen rosafarbenen Pilzbelag, bevorzugt auf der Blattunterseite. Zu Beginn der Pilzentwicklung ist dieser noch weißlich gefärbt. Meist werden nicht ganze Pflanzen geschädigt, sondern die Pilzinfektion beschränkt sich auf einzelne Äste oder Zweigpartien.

Vorbeugen und bekämpfen

Rückschnitt stärker befallener Ast- und Blattpartien. Einsatz von Fungiziden im Frühjahr ab Befallsbeginn. Laubentfernung im Herbst, um das Infektionsrisiko im Frühjahr zu senken. Vermeiden von zu dichten Buchsbeständen.

Ganz nah dran

Der rosafarbene Pilzbelag stellt sich bei näherer Betrachtung als Anhäufung vieler einzelner, polsterartiger Fruchtkörper dar.

Auf einen Blick

- meist auf einzelne Äste beschränkte Absterbeerscheinungen
- rosafarbene Sporenlager blattunterseits
- Überwinterung des Pilzes im Falllaub

Christrose

Auf einen Blick

- dunkle, bis zu 3 cm große Blattflecken
- Überwinterung des Pilzes im Falllaub
- Pilzförderung durch hohe Stickstoffgaben

Coniothyrium-Blattflecken

Coniothyrium hellebori
Pilz

Steckbrief

Die Überwinterung des Pilzes erfolgt im befallenen Pflanzenmaterial. Zum Frühjahr hin gebildete Sporen bewirken, verbreitet mit Wind und Regenspritzern, neue Infektionen und die Ausbildung von Symptomen. Die im Laufe der Vegetation auf den Blättern gebildeten Fruchtkörper und deren darin gebildete Sporen sorgen für eine weitere Verbreitung. Förderlich für einen Befall sind geringe pH-Werte und eine übermäßige Stickstoffdüngung.

Symptome und Schadbild

An den Blättern entstehen beidseitig erkennbare Flecken, die zu Beginn knapp 1 cm groß sind, jedoch rasch auf 2–3 cm anwachsen und teils auch zusammenfließen. Die oft am Blattrand gelegenen Flecken sind braun bis schwarz gefärbt, scharf vom Gewebe abgetrennt und bei näherer Betrachtung auch teils zoniert. Das Zentrum der Flecken reißt oft ein, auch können ganze Blattstücke herausbrechen. Bei einem starken Befall vergilben die Blätter und sterben ab. Auch Blatt- und Blütenstiele können vom Pilz befallen werden.

Vorbeugen und bekämpfen

Infiziertes Laub vorbeugend entfernen. Keine überhöhte Stickstoffdüngung, geringe pH-Werte vermeiden. Einsatz von Fungiziden bei Befallsbeginn.

Ganz nah dran

Auf allen Befallsstellen bilden sich später dunkle, kugelförmige Fruchtkörper aus, die bei Lupenbetrachtung gut erkennbar sind.

Clematis-Welke

Verschiedene Arten
Pilz

Steckbrief

Clematis-Welke ist eine Krankheit, die durch unterschiedliche Welkepilze oder auch Stängel- und Blattpilze hervorgerufen werden kann. Die Überdauerung erfolgt pilzabhängig in den abgestorbenen Wurzeln oder in oberirdischen, infizierten Pflanzenorganen. Stressfaktoren, bedingt durch einen schlechten Standort oder andere Schaderreger, fördern eine Infektion.

Symptome und Schadbild

Pflanzen oder Pflanzenteile zeigen plötzliche Welkesymptome und sterben ab. An Stängeln treten dunkle Verfärbungen auf, die teils auch stängelumfassend sind.

Vorbeugen und bekämpfen

Den Standort vorbeugend optimieren, dazu gehören sonnige Lagen bei einem „kühlen Fuß" (Staudenbepflanzung, Rindenmulch) und einem gleichmäßig feuchten Boden. Bevorzugt Sorten der resistenten Italienischen Waldrebe (*Clematis viticella*) pflanzen. Abgestorbene Pflanzen entfernen, vorbeugend einen Bodenaustausch vornehmen. Stressfaktoren für die Pflanze vermeiden. Beim Neukauf ältere, zweijährige Pflanzen im Container bevorzugen.

Nicht verwechseln!

Neben den hier aufgeführten Pilzen als Schadursache kann ein Absterben auch durch Staunässe, Insektenlarven im Boden oder Spätfrost verursacht werden.

Clematis

Auf einen Blick

- plötzlich auftretende Welkesymptome
- vorbeugende Standortoptimierung
- Verwendung resistenter Arten und Sorten

Dahlien

Auf einen Blick

- Pilzüberwinterung erfolgt im Falllaub
- bräunliche Blattflecken, später teils löchrige Blätter
- bodennahe Blätter werden bevorzugt befallen

Entyloma-Blattflecken

Entyloma calendulae f. sp. *dahliae*
Pilz

Steckbrief

Die Überwinterung des zu den Brandpilzen gehörenden Erregers erfolgt in mikroskopisch kleinen Dauerkörpern innerhalb der infizierten Blätter. Erkrankte Blätter und deren Reste gelangen nach dem Herbst in den Boden oder an die eingelagerten Knollen. Im Frühjahr gebildete Sporen werden über Wind und Wasserspritzer auf andere Dahlienblätter übertragen und sorgen so für eine Infektion und anschließende Symptomentwicklung. Dichte, feuchte Bestände fördern das Auftreten der Krankheit. Sortenunterschiede in der Anfälligkeit sind bekannt.

Symptome und Schadbild

Blattoberseits bilden sich zu Beginn blassgrünliche, teils eckige Flecken, die eine Größe von 1 cm erreichen können, später verfärbt sich das Zentrum der Flecken hellbraun. Die Schadsymptome treten bevorzugt an den älteren, bodennahen Blättern auf, es können aber auch die Stängel Symptome zeigen. Stärker befallene Blätter trocknen als Ganzes ein.

Vorbeugen und bekämpfen

Entfernen des infizierten Laubs (Blätter und Blattreste im Boden oder an eingelagerten Knollen). Vermeidung dichter Pflanzungen. Bevorzugung weniger anfälliger Sorten. Einsatz von Fungiziden ab Befallsbeginn.

Ganz nah dran

Teilweise fällt das erkrankte Blattgewebe im Zentrum auch heraus, sodass die Blätter löchrig werden.

Volutella-Triebsterben

Volutella pachysandrae
Pilz

Steckbrief

Mit Hilfe seiner Fruchtkörper überdauert der Pilz den Winter im infizierten Laub. Im Frühjahr gebildete Sporen werden mittels Wasserspritzer auf benachbarte Pflanzen übertragen und sorgen dort für eine Infektion und für die spätere Symptomentwicklung. Durch andere Schädlinge oder einen ungünstigen Standort geschwächte Pflanzen werden dabei bevorzugt befallen.

Symptome und Schadbild

Der Pilz verursacht an Pflanzen der Gattung *Pachysandra* sowohl ein Blatt- als auch ein Triebsterben. Infizierte Blätter weisen dunkle, teils die ganze Blattspreite einnehmende Verfärbungen auf und an der Blattunterseite werden bei feuchter Witterung rosafarbene Fruchtkörper in hoher Zahl gebildet. Infizierte Triebe färben sich ebenfalls dunkel und werden weich, auch hier können später rosafarbene Sporenlager auftreten. Die Krankheit greift rasch auf benachbarte Pflanzen über.

Vorbeugen und bekämpfen

Dicht wachsende, feuchte Bestände meiden. Einsatz von Fungiziden ab Befallsbeginn. Die Pflanze schwächende Faktoren vermeiden.

Nicht verwechseln!

Eine mit dem Pilz nah verwandte Art ruft an Buchspflanzen den in den Symptomen ähnlichen Volutella-Buchsbaumkrebs hervor. Beide Pilze treten aber nur auf jeweils ihren eigenen Wirtspflanzen auf.

Dickmännchen

Auf einen Blick

- es tritt ein Blatt- und Triebsterben auf
- blattunterseits entwickeln sich rosafarbene Fruchtkörper
- rasche Ausweitung auf benachbarte Pflanzen

Eberesche

Ebereschenrost

Gymnosporangium juniperinum
Pilz

Steckbrief

In ähnlicher Weise wie der Birnengitterrost vollzieht dieser Pilz einen Wirtswechsel vom Wacholder (u. a. *Juniperus communis*) zu einer anderen Pflanze – in diesem Fall nicht der Birne sondern bestimmten *Sorbus*-Arten (Eberesche). Der Wechsel von der Eberesche zum Wacholder erfolgt mittels Sporen im Sommer. Erst zum Frühjahr hin werden Sporen vom Wacholder mit Hilfe des Windes auf die Eberesche übertragen. Während bei den Ebereschen in jedem Jahr eine neue Infektion erforderlich ist, bleibt ein einmal infizierter Wacholder zeitlebens krank.

Symptome und Schadbild

Infizierte Blätter der Eberesche besitzen im Frühjahr mehrere rötliche, etwa 3 mm große, rundliche Flecken auf der Blattoberseite, die von einem hellen Hof umgeben sind. Bei näherer Betrachtung sind darin kleine, schwarze Punkte erkennbar. Am Wacholder bilden sich bevorzugt an den Nadeln zum Frühjahr hin rötlich-braune, geleeartige Sporenlager.

Vorbeugen und bekämpfen

Räumliche Nähe von Ebereschen und infizierten Wacholderarten vermeiden. In isolierten Lagen die befallenen Wacholderbüsche entfernen. Infizierte Äste und Zweige bei der Eberesche herausschneiden. Einsatz von Fungiziden bei der Eberesche im Frühjahr zum Zeitpunkt der Sporenübertragung vom Wacholder auf die Eberesche.

Auf einen Blick

- **kleine, rötliche Punkte auf der Blattoberseite der Eberesche**
- **die Infektion erfolgt im Frühjahr über Wacholderarten**
- **infizierte Wacholderbüsche bleiben mehrjährig infektiös**

Ganz nah dran

Zum Sommer hin entstehen auf der Blattoberseite der Eberesche kleine Fruchtkörper mit wenigen dornartigen Erhebungen.

Pockenmilbe

Phytoptes pyri
Gallmilbe

Steckbrief

Mehrere Generationen pro Jahr. Hinter Rindenritzen und Knospenschuppen überwintern die nur 0,2 mm großen Gallmilben, die einen walzenförmigen Körper mit nur zwei vorderen Beinpaaren haben. Zum Laubaustrieb besiedeln sie die Blätter und saugen an ihnen. Die Tiere leben und vermehren sich in den entstehenden Gallen, verlassen die Blätter aber bereits ab dem Sommer, um sich in ihr Winterquartier zu begeben.

Symptome und Schadbild

Befallene Blätter zeigen blattoberseits verteilt auftretende, helle Punkte. Auf der Blattunterseite bilden sich flache, pockenartige Erhebungen, die aber meist weiter grün bleiben. Jede dieser „Pocken“ besitzt eine kleine Eintrittsöffnung, die nur bei näherer Betrachtung sichtbar ist. Die Tiere selbst sind aufgrund ihrer geringen Größe praktisch nicht erkennbar.

Vorbeugen und bekämpfen

Entfernung befallener Blätter im Sommer. Einsatz von Pflanzenschutzmitteln zum Austrieb der Blätter (Wanderphase der Tiere).

Kommt auch vor an

Neben der Eberesche können von dieser Art auch die Blätter von Birne oder Weißdorn mit dann ähnlichen Symptomen befallen werden.

Eberesche

Auf einen Blick

- pockenförmige Erhebungen auf den Blättern
- mikroskopisch kleine Gallmiben als Verursacher
- auch Birne und Weißdorn können befallen werden

Blattfleckenpilze

Verschiedene Arten
Pilz

Steckbrief

Mit Hilfe kleiner Fruchtkörper im Blatt (Einzelgröße 0,2–0,5 mm) erfolgt die Überwinterung des Pilzes. Die zum Frühjahr gebildeten Sporen werden über Spritzwasser und Schädlinge verbreitet und sorgen rasch für eine Infektion und anschließende Symptomentwicklung sowie erneute Sporenbildung, die zu einer raschen Ausbreitung der Krankheit führt.

Symptome und Schadbild

Je nach Pilzart sind die Blattflecken einheitlich hell- bis dunkelbraun gefärbt oder besitzen ein helles Zentrum, das später teils auch ganz herausfällt. Die Flecken sind gleichmäßig über das Blatt verteilt, treten aber auch verstärkt am Blattrand auf. Auch Blattstiele und Triebe können geschädigt werden. Bei näherer Lupenbetrachtung sind jeweils die zugehörigen Fruchtkörper, runde dunkle Kügelchen oder flache Gebilde mit stacheligen, dunklen Borsten, erkennbar.

Vorbeugen und bekämpfen

Konsequente Entfernung befallener Blätter. Sofern möglich, dafür sorgen, dass ein rasches Abtrocknen der gefährdeten Pflanzen erreicht wird. Frühzeitiger Einsatz von Fungiziden.

Auf einen Blick

- teils großflächig auftretende, braun gefärbte Blattflecken
- Pilzfruchtkörper bei Lupenbetrachtung erkennbar
- Überdauerung im infizierten Falllaub

Nicht verwechseln!

An Efeu treten nicht nur verschiedene Blattfleckenpilze auf, es gibt auch Bakterien, die ähnliche Symptome an den Blättern hervorrufen können.

Efeuspinnmilbe

Bryobia kissophila
Spinnmilbe

Steckbrief

5–8 Generationen pro Jahr. Die Entwicklung erfolgt über ein Eistadium, ein Larvenstadium und zwei Nymphenstadien zum erwachsenen Tier. Mit Ausnahme der sechsbeinigen Larven sind die anderen beweglichen Stadien achtbeinig; alle Stadien saugen an den Pflanzen. Die Überwinterung der Efeuspinnmilbe ist in allen Entwicklungsstadien an der Pflanze oder auch am Mauerwerk (Ablage der Eier) möglich. Männliche Tiere sind nicht bekannt (parthenogenetische Vermehrung der weiblichen Tiere). Trocken-warme Witterung fördert die Entwicklung der Spinnmilben.

Symptome und Schadbild

Befallene Blätter sind silbrig gesprenkelt, wobei teils die ganze Blattspreite betroffen ist und stärker befallene Blätter auch nach Braunfärbung frühzeitig abgeworfen werden. Während sich die Larvenstadien noch vermehrt blattunterseits aufhalten, sind alle anderen Stadien bevorzugt auf der Blattoberseite anzutreffen. Gespinste werden im Gegensatz zu anderen Spinnmilbenarten bei der Efeuspinnmilbe nicht ausgebildet.

Vorbeugen und bekämpfen

Stärker befallene Blätter vorbeugend entfernen. Standortoptimierung (vermeiden von trocken-warmen Bedingungen). Frühzeitiger Einsatz von Akariziden.

Ganz nah dran

Die oval geformten Weibchen sind 0,7 mm groß und als Larve und Nymphe rötlich gefärbt; sie besitzen ein auffällig verlängertes erstes Beinpaar.

Efeu

Auf einen Blick

- helle Sprenkelung der Blätter bis hin zur Braunfärbung
- keine Gespinstausbildung am Efeu
- Spinnmilben sind vermehrt auf der Blattoberseite anzutreffen

Efeu

Efeuwickler

Clepsis dumicolana
Schmetterling

Steckbrief

2 Generationen pro Jahr. Nach der Überwinterung als Ei an den Efeupflanzen treten ab April die ersten an den Blättern fressenden Raupen auf. Die Raupen sind braun-grünlich gefärbt und haben einen dunklen Kopf sowie ein dunkles Nackenschild. Nach der Verpuppung sind ab Juni die ersten Falter zu finden. Diese sind braun gefärbt und besitzen auf den Vorderflügeln eine dunkle Binde. Etwa ab September fliegen dann am Abend die Falter der zweiten Generation. Der Efeuwickler ist aus dem Mittelmeerraum eingeschleppt worden und breitet sich erst langsam in Deutschland aus. Wärmere Standorte werden bevorzugt.

Symptome und Schadbild

Die Blätter weisen deutliche Fraßspuren auf, die von einem Schabefraß in einen Lochfraß übergehen. Die dunkel gefärbten Raupen sind dabei leicht nachzuweisen. Im Frühsommer und dann wieder im Frühherbst treten dunkel gefärbte Falter am Efeu auf.

Vorbeugen und bekämpfen

Absammeln der Raupen. Einsatz von Insektiziden bevorzugt gegen die noch jungen Larven.

Auf einen Blick

- Schabe- und Lochfraß an den Blättern
- dunkle Raupe frisst an Blättern und Trieben
- zwei Generationen pro Jahr

Kommt auch vor an

Die Larven des Efeuwicklers treten bisher ausschließlich am Efeu auf. Andere Bodendecker sind durch ihn nicht gefährdet.

Xanthomonas-Bakteriose

Xanthomonas hortorum pv. *hederae*
Bakterien

Steckbrief

Infizierte Blätter und Triebe dienen den Bakterien als Überwinterungsort. Im Frühjahr unter feucht-warmen Bedingungen kommt es zum Austritt von orangefarbenem Bakterienschleim, der, durch Spritzwasser verbreitet, für neue Infektionen an Blättern und Trieben sorgt. Die verschiedenen Efeusorten sind unterschiedlich anfällig.

Symptome und Schadbild

An den Blättern, verstärkt am Blattrand, bilden sich dunkel gefärbte Flecken aus, deren Zentrum im Laufe der Zeit auch herausfällt. Die Flecken sind dabei beidseitig erkennbar. Bei einer Betrachtung im Gegenlicht zeigt sich der für Bakterien typische glasige Hof. Sofern infizierte Triebe stängelumfassend geschädigt werden, sterben darüberliegende Teile ab.

Vorbeugen und bekämpfen

Vermeidung feuchter Bedingungen (enger Stand, isolierte Lage). Entsorgung stärker befallener Blätter und Triebe. Sortenanfälligkeit beachten (empfindlich: panaschierte Sorten). Desinfektion der Schnittwerkzeuge mit 70%igem Alkohol.

Nicht verwechseln!

Neben dieser Bakteriose sind auch Blattfleckenpilze an Efeu bekannt, die eine ähnliche Symptomatik hervorrufen können.

Efeu

Auf einen Blick

- dunkle Blattflecken, bevorzugt am Blattrand gelegen
- Austritt von Bakterienschleim unter feuchten Bedingungen
- panaschierte Sorten sind anfälliger

Eibe

Eibenschildlaus

Eulecanium crudum
Schildlaus

Steckbrief

1 Generation pro Jahr. Das für Schildläuse bekannte Schild wird erst nach der Überwinterung zum Frühjahr hin ausgebildet. Die darunter aus den Eiern schlüpfenden, nur etwa 1 mm großen Larven verlassen ab Juni die schützende Hülle und breiten sich auf der Pflanze weiter aus. Alle Stadien saugen an den Pflanzen und scheiden Honigtau aus. Geschwächte Pflanzen werden bevorzugt befallen.

Symptome und Schadbild

Insbesondere an den Trieben finden sich ab dem Frühjahr hochgewölbte, bräunlich gefärbte Schildläuse. Je nach Befallsgrad können die Tiere dicht an dicht sitzen. Durch die Saugtätigkeit geschwächte Triebe zeigen Nadelvergilbungen, auch können Triebe ganz absterben. Die jungen Tiere sind aufgrund ihrer geringen Größe kaum sichtbar. Nadeln und Triebe sind ab dem späten Frühjahr von einem klebrigen Honigtau überzogen, der nachträglich von Schwärzepilzen überzogen wird und die Pflanze zusätzlich schwächt.

Vorbeugen und bekämpfen

Rückschnitt lokal stärker befallener Triebe. Optimierung des Standortes und der Nährstoffversorgung. Einsatz von Insektiziden, insbesondere im Frühjahr, gegen die jungen Stadien der Eibenschildlaus.

Auf einen Blick

- braune, hochgewölbte Schildläuse an den Trieben
- Honigtau und Rußtaubildung an den Nadeln
- Nadel- und Triebsterben als Schadsymptom

Ganz nah dran

Wie bei allen Napfschildläusen lässt sich das Schild vom Tier selbst nicht abheben. Es ist deutlich hochgewölbt, braun gefärbt und misst etwa 5 mm.

Knospengallmilbe

Cecidophyopsis psilaspis
Gallmilbe

Eibe

Steckbrief

Mehrere Generationen pro Jahr. In den Knospen geschützt überstehen die Tiere die kalte Jahreszeit. Zum Frühjahr hin verlassen sie die Knospen, besiedeln kurz die Pflanzen, um dann bereits zeitig die neuen Knospenanlagen zu bevölkern. Alle Stadien saugen an den Nadeln und insbesondere Knospen, die daraufhin Schadsymptome ausbilden. Die Tiere selbst besitzen einen länglichen Körper und 2 vordere Beinpaare. Pflanzen an trocken-warmen Standorten werden bevorzugt befallen. Verbreitung durch Insekten und Vögel.

Symptome und Schadbild

Stark besaugte Knospen sind verdickt, treiben im Frühjahr nicht mehr aus und sterben dann später auch ab. Schwächer besaugte Knospen treiben aus, deren Nadeln zeigen jedoch Deformationen und Verdrehungen. Die Tiere sind bei normaler Betrachtung nicht zu erkennen.

Vorbeugen und bekämpfen

Rückschnitt stärker befallener Zweigpartien. Einsatz von Pflanzenschutzmitteln im Frühjahr zur Ausbreitungsphase der Gallmilben.

Ganz nah dran

Die Tiere selbst sind aufgrund ihrer geringen Größe von 0,2 mm nur bei stärkerer Vergrößerung erkennbar.

Auf einen Blick

- deformierter Austrieb und absterbende Knospen
- Überwinterung in den Knospen
- frühzeitige Abwanderung der Tiere bereits zum Sommer hin

Eibe

Pilznadelbräune

Cryptocline taxicola
Pilz

Steckbrief

An den abgefallenen, verbräunten Nadeln überdauert der Pilz innerhalb kleiner Fruchtkörper. Im Frühjahr hieraus austretende Sporen werden über Wasserspritzer und Wind weiter verbreitet und sorgen an den jungen Nadeln der Eibe für Infektionen und spätere Symptome. Die an den Nadeln neu gebildeten Fruchtkörper und Sporen bewirken dann eine weitere Verbreitung. Geschwächte Pflanzen werden bevorzugt befallen.

Symptome und Schadbild

An den jungen Nadeln treten braune Flecken auf, die sich vergrößern, später teils zusammenfließen und ganze Nadeln zum Absterben bringen können. Innerhalb der braunen Flecken bilden sich dunkle Punkte, die Fruchtkörper des Pilzes. Bei näherer Betrachtung ist ein herausquellendes weißliches Gewebe erkennbar, bei dem es sich um die austretenden Sporenmassen des Pilzes handelt. Befallene Nadeln bleiben noch lange am Baum hängen. Auch Triebe werden von dem Pilz befallen.

Vorbeugen und bekämpfen

Entfernung stärker befallener Triebe. Optimierung von Standort und Düngung.

Auf einen Blick

- braune Flecken auf den Nadeln
- befallene Nadeln bleiben noch lange an der Pflanze
- tritt bevorzugt an geschwächten Pflanzen auf

Nicht verwechseln!

Neben diesem Pilz können an Eiben auch andere Nadelpilze auftreten, die eine ähnliche Biologie und Symptomatik aufweisen.

Felsenbirne

Echter Mehltau

Verschiedene Arten
Pilz

Steckbrief

Der Pilz überwintert in kugeligen Fruchtkörpern, die sich am abgefallenen Laub oder auch an den Früchten befinden. Durch den Wind werden die im Frühjahr aus den Fruchtkörpern austretenden Sporen auf die Blätter übertragen. Dort neu gebildete Sporen sorgen für eine weitere Ausbreitung, wobei eine trocken-warme Witterung das Auftreten und die Entwicklung des Pilzes fördert. Ab dem Spätsommer, je nach Pilzart auch schon ab Juni, werden dann auf Blättern und Früchten die dunklen, winterharten, etwa 0,1 mm kleinen Fruchtkörper in hoher Zahl gebildet.

Symptome und Schadbild

Die Blätter zeigen blattoberseits, häufig aber auch beidseitig, einen weißen, mehligen Belag. Auch die Früchte besitzen später einen vergleichbaren Befall. Bei näherer Betrachtung sind in dem weißen Belag dunkle, kugelförmige und schwarz gefärbte Fruchtkörper zu erkennen. Werden viele Fruchtkörper gebildet, erscheint die Blattfläche in der Summe deutlich dunkel.

Vorbeugen und bekämpfen

Entfernung des Herbstlaubes sowie abgefallener Früchte (Überwinterungsort). Einsatz von Fungiziden ab Befallsbeginn.

Kommt auch vor an

Die an der Felsenbirne vorkommenden Echten Mehltaupilze können teils auch an anderen Laubgehölzen auftreten.

Auf einen Blick

- weißer, mehliger Belag auf den Blättern
- Förderung durch trocken-warme Witterung
- auch die Früchte werden befallen

Feuerdorn

Auf einen Blick

- braun gefärbte, teils die gesamte Blattfläche schädigende Platzmine
- Überwinterung der Tiere als Larve in der Mine im Blatt
- unscheinbarer, nur 4 mm großer Falter

Feuerdornminiermotte

Phyllonorycter leucographella
Schmetterling

Steckbrief

2 Generationen pro Jahr. Geschützt als Larve in ihrer Mine erfolgt die Überwinterung an der Pflanze im Blatt. Zum Frühjahr treten die nur 4 mm großen Falter der ersten Generation auf. Die aus den auf die Mittelrippe abgelegten Eiern schlüpfenden Larven dringen in das Blatt ein und leben dort bis zu ihrer Verpuppung als Minierer. Sie sind gelblich gefärbt und werden bis zu 5 mm groß. Die Falter der zweiten Generation fliegen etwa ab September. Die Anfälligkeit gegenüber der Feuerdornminiermotte ist je nach Feuerdornsorte unterschiedlich. In windgeschützten Lagen werden die Pflanzen stärker befallen.

Symptome und Schadbild

Die sich im Blatt entwickelnde, einzelne Platzmine erreicht später fast die Größe der gesamten Blattspreite. Die Mine besitzt eine hellbraune Oberschicht, die das Schadbild bei einem stärkeren Befall recht auffällig macht. Befallene Blätter sind zusätzlich in der Längsrichtung leicht nach oben gefaltet. Im Innern der Mine sind die bis zu 5 mm großen Larven anzutreffen.

Vorbeugen und bekämpfen

Absammeln der Blätter vor der Verpuppung (Herbst/Winter). Weniger anfällige Sorten bevorzugen. Freie Standorte bevorzugen. Einsatz von Insektiziden gegen die Larven im Blatt.

Nicht verwechseln!

Alte, verlassene Minen ähneln aufgrund ihrer braunen Verfärbung bei nur flüchtiger Betrachtung einem Pilzbefall.

Feuerdornschorf

Spilocaea pyracanthae
Pilz

Steckbrief

An infizierten Trieben und auch im Falllaub überwintert der Pilz. Die hier zum Frühjahr gebildeten Sporen werden durch Wasserspritzer und Wind auf die Pflanze übertragen und sorgen dort an Trieben, Blättern, Blüten und Früchten für Infektionen. Die später neu an den befallenen Organen auftretenden Sporen führen zu einer weiteren Ausbreitung des Pilzes. Die Anfälligkeit gegenüber dem Pilz ist je nach Feuerdornsorte unterschiedlich. Eine feucht-warme Witterung fördert das Auftreten und die Entwicklung des Pilzes.

Symptome und Schadbild

Infizierte Blätter weisen eine olivgrüne, später deutlich braune Verfärbung (Pilzüberzug) auf. Stärker befallene Blätter fallen frühzeitig ab. Triebe zeigen lokale Verfärbungen, unverholzte junge Triebspitzen können auch absterben. Die Früchte besitzen einen braunen Überzug, sie werden schrumpelig und platzen auch auf. Infizierte Blüten verbräunen und sterben frühzeitig ab. Die aufgrund des Pilzbefalls auftretende geringere Frosthärte hat auch partielle Absterbeerscheinungen nach einem kalten Winter zur Folge.

Vorbeugen und bekämpfen

Weniger anfällige Sorten verwenden. Infizierte Pflanzenreste entfernen. Einsatz von Fungiziden ab Befallsbeginn.

Kommt auch vor an

Die Bezeichnung „Schorf" umschreibt eine bestimmte Symptomatik, die bei vielen Pflanzen bekannt ist, jedoch stets von spezifischen Schaderregern verursacht wird (beispielsweise Apfelschorf, Kartoffelschorf).

Feuerdorn

Auf einen Blick

- dunkle, schorfartige Verfärbungen der Blätter und Früchte
- sortenabhängiger Befall
- bei einem stärkeren Befall teils vorzeitiger Laubfall

Fichte

Fichtengallenläuse

Verschiedene Arten
Fichtengallenlaus

Steckbrief

Mehrere Generationen pro Jahr, teils zweijährige Entwicklung. Je nach Art ist der Zyklus einjährig an der Fichte (Gelbe Fichtengallenlaus) oder auch zweijährig, dann im Pflanzenwechsel mit der Lärche (Rote Fichtengallenlaus). Die Überwinterung erfolgt als Ei, teils auch als Larve. Die an Fichte lebenden Stadien bilden durch ihre Saugtätigkeit Gallen aus, in denen die weitere Entwicklung stattfindet.

Symptome und Schadbild

Im Frühjahr sind die ananasartigen Gallen noch deutlich grün und geschlossen, öffnen sich zum Sommer hin mit vielen Einzelkammern, um dann zum Herbst (und in späteren Jahren) als braune, eingetrocknete Gallen an den Trieben zu sitzen. Die Gallen sind an der Triebbasis oder auch am Ende zu finden. Je nach Stärke des Befalls und Lage der Gallen können einzelne Triebe auch absterben. An in der Nähe stehenden Lärchen treten bei den wirtswechselnden Arten „Lärchenwollläuse" an den Nadeln auf.

Vorbeugen und bekämpfen

Entfernung der Gallen vor der Abwanderung im Sommer. Unmittelbare Nachbarschaft von Lärche und Fichte meiden. Einsatz von Insektiziden im Frühjahr vor der Gallenbildung.

Auf einen Blick

- ananasartige Gallen an den Trieben
- Läuse teils im Wirtswechsel mit Lärche lebend
- ältere Gallen an den Trieben sind geöffnet und braun gefärbt

Ganz nah dran

Im zeitigen Frühjahr, noch vor der Gallenbildung, sind an den Nadeln die mit Wachswolle beladenen Tiere und ihre Eier anzutreffen.

Fichtennadelrost

Verschiedene *Chrysomyxa*-Arten
Pilz

Steckbrief

Zu unterscheiden sind an der Fichte Pilzarten, die einen Wirtswechsel mit einer anderen Pflanze durchlaufen (artabhängig z. B. mit Rhododendron), oder solche, die ganzjährig ausschließlich auf der Fichte leben. Die Infektion der Nadeln findet stets jeweils im zeitigen Frühjahr statt. Im Rhododendronbusch oder der Fichte, somit in der Pflanze und nicht im Falllaub oder in abgeworfenen Nadeln, erfolgt die Überwinterung des Pilzes. Infiziert und geschädigt werden an der Fichte nur die Nadeln, wobei erkrankte Rhododendronpflanzen auch mehrere Jahre als Infektionsquelle wirken können.

Symptome und Schadbild

Je nach Pilzart zeigen sich andere Schadsymptome. Verbleibt der Pilz auf der Fichte bilden sich an den älteren Nadeln im Frühjahr deutlich braun gefärbte, mit bloßem Auge erkennbare, streifenförmige Sporenlager. Erfolgt ein Wirtswechsel zum Rhododendron, bilden sich bereits im Sommer an den Nadeln viele gelb ausstäubende Sporenlager aus, deren weiße, später aufgerissenen Hüllen in der Summe ein auffälliges Schadbild liefern.

Vorbeugen und bekämpfen

Räumliche Nähe von Fichten zu Rhododendron meiden. Einsatz von Fungiziden im Frühjahr an der Fichte (Infektionszeitpunkt).

Nicht verwechseln!

Im Verlauf der Erkrankung fallen die Nadeln auch ganz ab, sodass sich ein der Sitkafichtenlaus ähnliches Schadbild zeigt.

Auf einen Blick

- je nach Pilzart eine der beiden nachfolgenden Symptome
- braun gefärbte, streifenförmige Sporenlager auf den Nadeln im Frühjahr
- weißlich aufgerissene Hüllen mit gelben Sporen an den Nadeln im Sommer

Fichtenspinnmilbe

Oligonychus ununguis
Spinnmilbe

Steckbrief

4–10 Generationen pro Jahr. Den Winter überdauern die Tiere als rötlich gefärbte Eier, die an die Triebe oder Nadelbasis abgelegt worden sind. Die ab April schlüpfenden, noch sechsbeinigen Larven durchlaufen noch zwei bereits achtbeinige Nymphenstadien zur erwachsenen Milbe, die ihrerseits dann wieder helle Sommereier ablegt. Alle Stadien saugen an den Nadeln und bilden schwache Gespinste. Mit einer Größe von 0,2–0,4 mm sind die Tiere recht klein. Zuckerhutfichten sind besonders anfällig. Eine trocken-warme Witterung fördert den Befall deutlich.

Symptome und Schadbild

Durch das Saugen der Spinnmilbe geschädigte Nadeln besitzen eine fleckige und matte Verfärbung, trocknen später ein und fallen auch vorzeitig ab. Hier ähnelt das Schadbild etwas dem eines Spätfrostschadens. Auf den Unterseiten der Nadeln sind alle Entwicklungsstadien der Tiere (Ei, Larve, Nymphe, Spinnmilbe) zu erkennen (Lupe). An den Nadeln sind schwache, graue Gespinste zu sehen.

Vorbeugen und bekämpfen

Entsprechende Standortwahl zur Vermeidung trocken-warmer Bedingungen. Einsatz von Akariziden.

Auf einen Blick

- Überwinterung als Ei an der Pflanze
- fleckige Nadeln mit kleinen Spinnmilben und Gespinsten
- Zuckerhutfichten sind sehr anfällig

Kommt auch vor an

Neben der Fichte tritt diese Spinnmilbenart auch an anderen Nadelgehölzen auf, beispielsweise Wacholder, Scheinzypresse, Lebensbaum und Lärche.

Sirococcus-Triebsterben

Sirococcus coniogenus
Pilz

Fichte

Steckbrief

Mit Hilfe kleiner Fruchtkörper überwintert der Pilz an Trieben und Nadeln. Im Sommer werden Sporen freigesetzt, die mittels Wind übertragen werden und zu neuen Triebinfektionen führen. Feucht-schattige Lagen sind für eine Infektion förderlich. Durch Nährstoffmangel geschwächte Pflanzen (z. B. Magnesiummangel) werden leichter befallen.

Symptome und Schadbild

Die Triebenden verbräunen und knicken an der Spitze um. Bis auf einige wenige braune Nadeln unmittelbar an der Spitze sind die darunter sitzenden Nadeln abgefallen. In der Summe zeigt sich ein pinselartiges Schadbild, das bei einem stärkeren Befall zu einer Auslichtung der Krone, teils etagenweise, von außen nach innen führt. An den Triebspitzen sind bei genauerer Betrachtung mit der Lupe die dunklen Fruchtkörper erkennbar.

Vorbeugen und bekämpfen

Rückschnitt infizierter Triebe, denn diese dienen als Infektionsquelle. Verbesserung der Nährstoffversorgung (Bodenuntersuchung). Vorbeugender Einsatz von Fungiziden bei benachbarten, gefährdeten Pflanzen.

Kommt auch vor an

Neben Fichte als häufigster Wirtspflanze (insbesondere *Picea pungens*, weniger *Picea abies*) können auch Tannen, Kiefern und Hemlock-Tannen befallen werden.

Auf einen Blick

- pinselartige Triebspitzen mit umgeknicktem Ende
- bevorzugt an feucht-schattigen Standorten auftretend
- Überwinterung des Pilzes an den infizierten Trieben

Sitkafichtenlaus

Aphis abietina
Blattlaus

Steckbrief

Mehrere Generationen pro Jahr. Als erwachsene Tiere überwintern die Blattläuse an den Nadeln. Nur in sehr kalten Wintern, wie sie beispielsweise im Gebirge auftreten, werden winterharte Eier an den Trieben abgelegt. Bereits ab dem zeitigen Frühjahr besiedeln die Blattläuse die Nadeln und saugen an ihnen. Geflügelte Tiere sorgen für eine weitere Ausbreitung im näheren Umfeld. Neben der Sitkafichte werden auch andere Fichtenarten befallen. Zum Sommer hin bricht die Population aufgrund einer geänderten Nährstoffzusammensetzung der Nadeln zusammen und lebt erst wieder im Herbst auf.

Symptome und Schadbild

Bereits ab dem zeitigen Frühjahr zeigen sich an den Nadeln gelbliche Flecken, teilweise auch gebändert, die später braun werden und frühzeitig abfallen. Die betroffenen Nadeln befinden sich im inneren und bodennahen Bereich (der junge Austrieb wird nicht geschädigt). An den Nadeln sind die Läuse erkennbar (Lupe).

Vorbeugen und bekämpfen

Einsatz von Insektiziden gegen die überwinternden Tiere im zeitigen Frühjahr, nachdem eine Klopfprobe an den unteren, stammnahen Zweigen durchgeführt wurde.

Auf einen Blick

- Nadelverbräunung von innen nach außen
- nur in kalten Regionen Überwinterung als Ei
- nicht nur an der namensgebenden Sitkafichte auftretend

Ganz nah dran

Die Blattläuse sind grün gefärbt, etwa 2 mm groß und besitzen rote Augen.

Flieder

Blattfleckenpilze

Verschiedene Arten
Pilz

Steckbrief

In den erkrankten Blättern überwintert der Pilz mit Hilfe seiner Fruchtkörper (Falllaub). Die hier im Frühjahr austretenden Sporen werden mittels Wind und Wasserspritzer verteilt und gelangen so auf junge Blätter, die anschließend infiziert werden. Die erkrankten Blätter bilden erneut Fruchtkörper aus, die zu einer weiteren Ausbreitung der Blattfleckenpilze führen. Feucht-schattige Lagen fördern das Auftreten der Krankheit.

Symptome und Schadbild

Am Flieder können verschiedene Blattfleckenpilze auftreten, die eine unterschiedliche Symptomatik, aber ähnliche Biologie aufweisen. Die Flecken können unterschiedliche Farben aufweisen (grau, lederfarben, rotbraun, gelblich) und in der Form sind sie meist rundlich-oval bis unregelmäßig eckig. Teilweise sind sie von einem dunklen Rand umgeben, auch können die Flecken deutliche Zonen aufweisen. Je nach Befallsintensität können die Flecken auch zusammenfließen und größere Teile der Blattspreite betreffen. Die unteren Blattetagen sind meist stärker befallen.

Vorbeugen und bekämpfen

Absammeln des infizierten Laubes im Herbst. Optimierung des Standortes. Einsatz von Fungiziden im Frühjahr.

Ganz nah dran

Bei näherer Betrachtung (Lupe) sind innerhalb der Flecken kleine, dunkle Kügelchen zu sehen (Fruchtkörper).

Auf einen Blick

- meist dunkel gefärbte Blattflecken unterschiedlicher Farbe und Größe
- Überwinterung im Falllaub
- Förderung durch feuchte Lagen

Flieder

Fliedermehltau

Microsphaera syringae
Pilz

Steckbrief

Der Pilz überwintert vermutlich in den Knospen des Flieders, da die sonst typischen, dunkel gefärbten Fruchtkörper zum Winter hin auf den befallenen Blättern kaum ausgebildet werden. Eine trocken-warme Witterung im Frühjahr und Sommer fördert das Auftreten und die Entwicklung des Pilzes („Schönwetterpilz"). Die an dem Mehltaubelag gebildeten Sporen werden insbesondere mit dem Wind weiter übertragen. Eine verstärkte Düngung mit Stickstoff fördert die Pilzentwicklung.

Symptome und Schadbild

Auf der Blattoberseite, selten auch blattunterseits, bildet sich ein weißer, mehliger, fleckiger Belag aus, der später auch flächig zusammenfließen kann. Die Schäden treten verstärkt in den Sommermonaten auf. Im Herbst zeigen sich vereinzelt kleine, dunkle Kügelchen im weißen Belag (Überwinterungsstrukturen).

Vorbeugen und bekämpfen

Laubentfernung ist nur eingeschränkt wirksam. Düngung optimieren (keine überhöhte Stickstoffdüngung). Einsatz von Fungiziden bei Befallsbeginn.

Auf einen Blick

- **weißer, mehliger Belag auf der Blattoberseite**
- **Verbreitung der Sporen insbesondere über den Wind**
- **verstärktes Auftreten im Sommer („Schönwetterpilz")**

Kommt auch vor an

Neben Flieder kann auch der Liguster mit einer ähnlichen Symptomatik von diesem Pilz befallen werden.

Fliedermotte

Gracillaria syringella
Schmetterling

Steckbrief

2 Generationen pro Jahr. Nach der Überwinterung im Boden als Puppe treten ab April die nachtaktiven, nur wenige Millimeter großen, zimtartig gefärbten, kleinen Falter auf (Spannweite etwa 1 cm). Aus den auf die Blattunterseite abgelegten Eiern schlüpfen Larven, die in das Blatt eindringen und dort bis zu ihrer Verpuppung im Blatt als Minierer leben. Die einzelnen Larven sind grüngelb gefärbt und erreichen eine Länge von knapp 7 mm. Im Sommer folgt dann die Flugzeit der Falter der zweiten Generation. Die jetzt auftretenden Larven leben frei (nicht als Minierer) auf der Blattunterseite, zur späteren Verpuppung wandern sie dann in den Boden.

Symptome und Schadbild

Im Frühjahr bilden sich an den Blättern deutliche Platzminen mit darin lebenden, grüngelb gefärbten Larven. Befallene Blätter im Sommer sind zur Unterseite hin zusammengesponnen und dort sitzende Larven führen einen Schabefraß durch. Im April und Juli treten die unscheinbaren Falter an den Pflanzen auf.

Vorbeugen und bekämpfen

Absammeln der Blätter mit den darin oder darauf lebenden Larven. Einsatz von Insektiziden zum Zeitpunkt der Eiablage oder gegen die jungen Larven.

Kommt auch vor an

Neben Flieder tritt dieser Schmetterling mit einem vergleichbaren Schaden durch die Raupen auch an Liguster, Esche oder Pfaffenhütchen auf.

Flieder

Auf einen Blick

- die Larven im Frühjahr rufen eine größere Platzmine an den Blättern hervor
- die Larven im Sommer fressen frei in eingerollten Blättern auf der Blattunterseite
- Überwinterung als Puppe im Boden

Flieder

Auf einen Blick

- Verbreitung der Bakterien insbesondere über Wasserspritzer
- Flecken auf Blättern, im Gegenlicht betrachtet mit wässrigem Hof
- Triebinfektionen am jungen Austrieb sind ebenfalls möglich

Pseudomonas-Bakteriose

Pseudomonas syringae
Bakterien

Steckbrief

Eine Überdauerung ist in infizierten Blättern und Trieben möglich. Im Frühjahr können die Bakterien über Wunden, Verletzungen oder natürliche Öffnungen der Blätter (Spaltöffnungen) die Pflanzen infizieren. Die Übertragung erfolgt durch Wasserspritzer. Vorgeschädigtes oder geschwächtes Gewebe (Frostschaden, überhöhte Düngung) sowie junge Pflanzen sind besonders anfällig. Eine feucht-warme Witterung fördert den Befall.

Symptome und Schadbild

Befallene Blätter besitzen über die Blattspreite verteilt auftretende, helle Punkte, die sich später deutlich braun verfärben. Im Gegenlicht betrachtet zeigt sich um diese Punkte ein heller, wässriger Hof. Teils reißt das Gewebe an diesen Stellen auch löchrig ein. Blattadern sind dunkel verfärbt. Dunkel gefärbte Triebinfektionen treten bevorzugt am jungen Austrieb auf, der auch absterben kann.

Vorbeugen und bekämpfen

Rückschnitt infizierter Triebe. Absammeln erkrankter Blätter. Sträucher auslichten (Feuchtigkeitsabbau). Keine überhöhten Düngergaben.

Ganz nah dran

Auch bei einer vergrößerten Lupenbetrachtung sind die verursachenden Bakterien bei einer Einzelgröße von nur 1/1000 Millimeter verständlicherweise nicht zu erkennen.

Monilia-Spitzendürre

Monilia laxa
Pilz

Steckbrief

Der Pilz überwintert in den abgestorbenen Triebspitzen der Forsythie oder in den am Steinobst hängenden Fruchtmumien. Die hier im Frühjahr gebildeten Sporen werden mit dem Wind, aber auch durch Wasserspritzer und Insekten auf die Blüte übertragen. Über die infizierte Blüte dringt der Pilz weiter in den Trieb hinein. Eine feucht-kühle Witterung zur Blütezeit fördert die Infektion.

Symptome und Schadbild

Kurz nach der Blüte sterben meist schlagartig die Blüten und später auch die Laubblätter am oberen Triebende über eine Strecke von etwa 30 cm ab („Spitzendürre“). Alle erkrankten und abgestorbenen Blätter und Blüten bleiben aber weiterhin am Trieb hängen. Unter feuchten Bedingungen findet sich hier ein schwacher, unscheinbarer Sporenrasen.

Vorbeugen und bekämpfen

Rückschnitt der befallenen Triebe. In der Nähe stehendes Steinobst auf Fruchtmumien kontrollieren und absammeln. Einsatz von Fungiziden zum Zeitpunkt der Blüte (Infektionszeitpunkt).

Kommt auch vor an

Neben der Forsythie ist die „Spitzendürre“ insbesondere beim Steinobst, speziell der Sauerkirsche, gefürchtet und ruft dort unbehandelt teils größere Blütenverluste hervor.

Forsythie

Auf einen Blick

- schlagartiges Absterben der Triebenden
- abgestorbene Blüten und Blätter bleiben weiter am Trieb haften
- feucht-kühle Witterung zur Blüte erhöht die Anfälligkeit

Hainbuche

Auf einen Blick

- meist erst im Herbst auftretende, graubraune Blattflecken
- die Blattflecken besitzen eine strahlige Randzone
- der Pilz überwintert im Falllaub

Blattbräune

Asteroma carpini
Pilz

Steckbrief

Der Pilz überdauert in den blattunterseits ausgebildeten Fruchtkörpern, deren Sporen im Laufe des Frühjahrs, übertragen durch Wind und Wasserspritzer, zu Neuinfektionen an den Blättern führen. Die weitere Pilzentwicklung erfolgt im Blatt bis in den Herbst hinein.

Symptome und Schadbild

Bevorzugt ab dem Spätsommer bilden sich insbesondere auf der Blattoberseite etwa 1–2 cm große, grau bis braun gefärbte Flecken aus. Der Rand der Flecken ist nicht scharf abgetrennt, sondern besitzt eine schwach strahlig auslaufende Form. Auf der Blattunterseite zeigen sich bei näherer Betrachtung (Lupe) dunkle, kleinere Sporenlager in größerer Zahl. Auffällig wird der Pilz hauptsächlich auf dem vergilbenden Herbstlaub am Boden, von dem er sich farblich deutlich abhebt.

Vorbeugen und bekämpfen

Absammeln des infizierten Herbstlaubes. Feuchte Standorte meiden. Bei einem starken Vorjahresbefall Einsatz von Fungiziden im Frühjahr.

Nicht verwechseln!

An den Blättern der Hainbuche können auch andere Blattfleckenpilze mit einer aber meist anderen Symptomausprägung, teils auch deutlich früher im Jahr, auftreten.

Gallmilben

Eriophyes macrotrichus
Gallmilbe

Steckbrief

Die wurmförmigen Gallmilben überwintern unter Rindenritzen oder Knospenschuppen an der Hainbuche. Im Frühjahr verlassen sie ihre Winterquartiere und wandern zu den frisch austreibenden Blättern. Alle Stadien saugen an den Blättern und rufen hierdurch die eigentümliche Symptomatik hervor. Bereits zum Sommer hin verlassen die Gallmilben das Laub, um ihre Winterquartiere aufzusuchen.

Symptome und Schadbild

Durch die Saugtätigkeit zeigen die Blätter eine massive, sehr auffällige Kräuselung. Meist rollen sich die Blätter dabei zur Mittelrippe hin längs zur Oberseite ein. Häufig sind einzelne Bereiche der Pflanzen stärker befallen, sodass sich eine Konzentrierung des Schadens zeigt. Befallene Blätter bleiben aber weiterhin grün.

Vorbeugen und bekämpfen

Absammeln befallener Blätter noch im Sommer (vor der Abwanderung der Tiere). Rückschnitt infizierter Zweigbereiche. Einsatz von Pflanzenschutzmitteln im zeitigen Frühjahr (Wanderphase der Tiere).

Ganz nah dran

Die Einzeltiere erreichen nur eine Größe von etwa 0,2 mm und sind mit bloßem Auge, ohne Lupe, auf den Blättern nicht zu erkennen.

Hainbuche

Auf einen Blick

- massive Blattkräuselungen
- Konzentrierung der Schäden auf einzelne Zweigbereiche
- Überwinterung an der Pflanze in Rindenritzen

Hainbuche

Zikaden

Verschiedene Arten
Zikade

Steckbrief

1 Generation pro Jahr. Als Ei überwintern die Zikaden (Zwergzikaden) im pflanzlichen Gewebe. Ihre Larven treten dann im Frühjahr an den Blättern auf und etwa ab Juni sind die erwachsenen Zikaden zu finden. Diese sind 2–3 mm groß, länglich-schlank, artabhängig gelbgrün gefärbt, teils auch mit schwarzer Zeichnung, und springen bei einer Störung rasch vom Blatt. Alle Stadien saugen an der Pflanze, bevorzugt auf der Blattunterseite. Die Entwicklung der Zikaden erfolgt unvollständig, ein Puppenstadium wird nicht ausgebildet.

Symptome und Schadbild

Blätter besitzen blattoberseits, häufig verstärkt entlang der Hauptblattader, feine helle Einstichstellen. Das Schadbild ähnelt damit einem Befall durch Spinnmilben oder Thripse. Blattunterseits sind sowohl die Larven als auch später die geflügelten, erwachsenen Zikaden zu finden. Auffällig sind die weißlich gefärbten Häutungsreste der Larven, die auf der Blattunterseite für längere Zeit anhaften und eine gute Diagnosehilfe sind.

Vorbeugen und bekämpfen

Einsatz von Insektiziden im Frühjahr zum Befallsbeginn gegen die Larven.

Auf einen Blick

- eine Vielzahl kleiner, heller Nadelstiche auf der Blattoberseite
- weißliche Häutungsreste auf der Blattunterseite
- erwachsene Tiere springen bei einer Störung rasch weg

Kommt auch vor an

Die an Hainbuche auftretenden Zikadenarten kommen auch an anderen Laubgehölzen bei einer ähnlichen Symptomatik vor (u. a. Ulme, Eiche oder Birke).

Hartriegel

Blattfleckenpilze

Verschiedene Arten
Pilz

Steckbrief

Im Falllaub überwintern die pilzlichen Erreger mit Hilfe ihrer kleinen Fruchtkörper. Zum Frühjahr hin austretende Sporen werden mittels Wind und Wasserspritzer auf die jungen Blätter übertragen. Nach der Infektion und der anschließenden Symptomausprägung werden erneut Fruchtkörper auf den Blättern gebildet, die zu einer weiteren Ausbreitung des Pilzes führen. Ein dichter Stand und feuchte Witterung fördern Infektion und Ausbreitung der Blattfleckenpilze. Die Anfälligkeit der Pflanzen ist teils auch sortenabhängig.

Symptome und Schadbild

An den Blättern können unterschiedliche Pilzarten auftreten. Symptomatisch zeigen sich meist rundliche bis unregelmäßig geformte, rötliche bis braune Flecken, die teils größere Areale der Blattspreite bedecken können. Das Innere der Flecken verfärbt sich später teils grau, auch sind bei näherer Betrachtung (Lupe) kleine, dunkel gefärbte Kügelchen zu erkennen (Fruchtkörper). Bei einem stärkeren Befall können Hecken großflächig Symptome zeigen.

Vorbeugen und bekämpfen

Absammeln der befallenen Blätter im Herbst. Weniger anfällige Sorte bevorzugen. Einsatz von Fungiziden im Frühjahr.

Nicht verwechseln!

Rötliche Blattverfärbungen in ähnlicher Ausprägung können auch durch Bakterien hervorgerufen werden.

Auf einen Blick

- teils großflächig auftretende, rötliche Blattflecken
- Überwinterung der Pilze im Falllaub
- feuchte Witterung und dichter Stand fördern einen Befall

Auf einen Blick

- etwa 1 cm große, wollige Gelege auf der Blattunterseite im Juni
- tritt nicht nur an Hartriegel, sondern auch an anderen Pflanzen auf
- Honigtaubildung und Rußtaubildung

Hortensien-wollschildlaus

Eupulvinaria hydrangeae
Schildlaus

Steckbrief

1 Generation pro Jahr. Als älteres Larvenstadium überdauern die Schildläuse an den Trieben die kalte Jahreszeit. Im Frühjahr erfolgt die Entwicklung zum Weibchen, das eine Vielzahl von Eiern (bis zu 1000 Stück) in einen länglichen, dem Körper anhängenden Eisack ablegt (Gesamtlänge knapp 1 cm). Die schlüpfenden Larven sind 1 mm groß und besiedeln unerkannt weitere Blätter, um sich dort festzusetzen. Alle Stadien saugen am Phloemsaft und scheiden reichlich Honigtau aus. Diese Schildlaus tritt nicht nur an Hartriegel auf, sondern auch an einer Vielzahl von Laubgehölzen (seltener auch an Nadelgehölzen), z. B. Ahorn, Weißdorn oder Linde.

Symptome und Schadbild

Augenfällig sind die ungefähr im Juni auf der Blattunterseite oder an den Stängeln sitzenden, etwa 1 cm langen Weibchen mit ihrem weißen, flockigen Eisack. Die Blätter fühlen sich klebrig an, auch treten verstärkt Rußtaupilze auf den Blättern auf. Stärker befallene Pflanzen schwächeln, teilweise findet auch ein vorzeitiger Laubfall statt.

Vorbeugen und bekämpfen

Rechtzeitiges Absammeln der mit den Weibchen bestückten Blätter (Frühjahr). Kontrolle benachbarter Ziersträucher auf Befall. Einsatz von Pflanzenschutzmitteln gegen die jungen Larven.

Nicht verwechseln!

Eine im Aussehen und der Biologie ähnliche Art ist die Rebenschildaus (*Pulvinaria vitis*), die entgegen ihrem deutschen Namen auch an Ziersträuchern und Gehölzen vorkommen kann.

Hartriegel

Maulbeerschildlaus

Pseudaulacsapis pentagona
Schildlaus

Steckbrief

2 Generationen pro Jahr. An den Trieben überwintern die kältetoleranten erwachsenen Weibchen mit ihrem unauffälligen, gelb-weißen, ovalen, nur 2 mm großen Schild. Vom Weibchen werden bis zu 150 Eier abgelegt und die daraus geschlüpften Larven besiedeln Blätter und bevorzugt Triebe, um an ihnen zu saugen. Die Larven verteilen sich aktiv auf der Pflanze oder werden passiv weitergetragen (Wind, Pflanzentransport). Maulbeerschildläuse gehören zu den Deckelschildläusen, sie scheiden somit keinen Honigtau aus. Die Schilder der überwiegend auftretenden männlichen Larven sind weiß gefärbt, länglich und etwa 1 mm groß. Geflügelte Männchen treten bei 2 Generationen im Jahr etwa im Juli und September auf.

Symptome und Schadbild

Insbesondere die Rinde ist teils flächig bedeckt von den weißlichen Schildern der männlichen Larven. Es treten Kümmerwuchs und Blattvergilbungen auf, die bis zum Absterben stärker befallener Triebe und Äste führen können.

Vorbeugen und bekämpfen

Mechanisches Abbürsten der Beläge mit den Schildern. Rückschnitt stärker befallener Triebe. Einsatz von Insektiziden.

Kommt auch vor an

Neben Hartriegel sind für die Maulbeerschildlaus über 100 Wirtspflanzen beschrieben (Ziergehölze, Laubgehölze, Obstgehölze).

Auf einen Blick

- mit weißen Schildern bedeckte Triebe
- Überwinterung der Weibchen an den Trieben
- keine Ausscheidung von Honigtau

Haselnuss

Auf einen Blick

- silbrig-weiße Platzminen blattoberseits
- einzelne Larve innerhalb einer Mine
- Überwinterung im Falllaub

Haselnussminiermotte

Phyllonorycter coryli
Schmetterling

Steckbrief

2 Generationen pro Jahr. Nach der Überwinterung als Puppe in einem Kokon in einer Blattmine treten ab Mai die ersten unscheinbaren Falter auf. Diese sind nur wenige Millimeter groß, von schlanker Statur und besitzen braun-weiß gemusterte, fransige Vorderflügel. Mit Hilfe von Luftströmungen werden die filigranen Falter leicht weiter übertragen. Die aus den auf die Blätter abgelegten Eiern geschlüpften Larven bohren sich in das Blatt hinein und leben hier als Minierer. Die gesamte Larvenentwicklung bis zur Verpuppung erfolgt innerhalb des Blattes. Ab August fliegen dann die Falter der zweiten Generation.

Symptome und Schadbild

Blattoberseits sind silbrig-weiße, teils größere, ovale bis kreisförmige Platzminen zu sehen. Insbesondere zum Spätsommer hin zeigen sich mehrere Minen auf einem Blatt. Nach Öffnung der Mine finden sich eine Larve und deren Kotansammlungen. Ältere Minen sind oft deutlich nach oben zusammengedrückt, teils auch über den Blattrand hinweg gefaltet.

Vorbeugen und bekämpfen

Absammeln der Blätter vor der Verpuppung zum Falter. Der Einsatz von Insektiziden erübrigt sich in den meisten Fällen.

Ganz nah dran

Die Larven werden bis zu 5 mm groß, besitzen einen deutlich abgesetzten Kopf und sind in Abhängigkeit vom Entwicklungsstadium weiß-gelblich bis deutlich dunkel gefärbt.

Haselnuss

Knospengallmilbe

Phytoptus avellanae
Gallmilbe

Steckbrief

Mehrere Generationen pro Jahr. In hoher Individuenzahl überwintern die Gallmilben in den Knospen der Haselnuss. Zum Frühjahr verlassen die Tiere ihr Winterquartier und suchen für kurze Zeit die Blätter auf, um dann bereits im Frühsommer die neu angelegten Knospen für das kommende Jahr zu besiedeln und sich dort zu vermehren. Die Einzeltiere sind nur 0,2 mm groß, von schlanker, wurmförmiger Gestalt und besitzen 2 vordere Beinpaare. Alle Stadien saugen an der Pflanze.

Symptome und Schadbild

Befallene Knospen sind im Winter und zum Frühjahr hin deutlich kugelig angeschwollen, treiben kaum oder auch gar nicht mehr aus und trocknen später ein. Die Blätter zeigen keine Schadsymptome. Mit einer stärkeren Lupe lassen sich in den aufgeschnittenen Knospen die weißlichen „Würmer" in ihrer Gesamtheit erkennen.

Vorbeugen und bekämpfen

Ausbrechen befallener Knospen und Rückschnitt starker betroffener Zweigpartien im Winter. Einsatz von Pflanzenschutzmitteln während des Laubaustrieb.

Kommt auch vor an

Eine nahezu identische Symptomatik tritt auch an Johannisbeere auf, wird hier jedoch durch eine andere Gallmilbenart hervorgerufen.

Auf einen Blick

- kugelig angeschwollene Knospen, die nicht oder kaum austreiben
- die verursachenden Gallmilben sind nur 0,2 mm groß
- die Überwinterung erfolgt in den Knospen

Haselnuss

Wanzen

Verschiedene Arten
Wanze

Steckbrief

1 Generation pro Jahr. Den Winter überdauern die Wanzen (Weichwanzen) als in Triebe abgelegte Eier. Die Entwicklung der Larven beginnt im Frühjahr, durchläuft dabei 5 Stadien zur dann erwachsenen, geflügelten Wanze, die ab Juni an den Pflanzen auftritt. Die Tiere erreichen meist nur eine Länge von 5 mm, sind artabhängig hell oder dunkel gefärbt und besitzen einen typischen Wanzenhabitus. Alle Stadien saugen an der Pflanze, insbesondere an den Blättern. Honigtau wird nicht gebildet. Beim Saugvorgang wird toxischer Speichel abgegeben, der auch mit für die Symptomatik verantwortlich ist.

Symptome und Schadbild

Die Blattspreite ist teils großflächig, oft aber auch nur entlang der Hauptadern lokal eingerissen, sodass ein zerfetzter Gesamteindruck entsteht. Befallene Blätter bleiben weiter grün gefärbt. Im Frühjahr sind helle Wanzenlarven auf der Blattunterseite zu finden. Erwachsene Tiere sind nur selten zu sehen. Das beschriebene Schadsymptom ist auch von anderen Pflanzen bekannt (u. a. Forsythie, Fuchsie, *Datura*) und wird hier ebenfalls durch Weichwanzen (anderer Arten) hervorgerufen.

Vorbeugen und bekämpfen

Vorbeugender Einsatz von Insektiziden im Frühjahr.

Auf einen Blick

- teils großflächig fein aufgerissene Blattspreite
- Überwinterung der Tiere als Ei in den Trieben
- das Schadbild ist auch an anderen Pflanzen bekannt

Ganz nah dran

Die Tiere besitzen einen unmittelbar am Kopf ansetzenden Mundstachel, ein deutliches Dreieck auf dem Rücken und zur Spitze hin häutige Vorderflügel.

Phoma-Stängelfäule

Phoma exigua
Pilz

Steckbrief

Auf den befallenen Pflanzenteilen (Blätter, Triebe) überwintert der Pilz mit Hilfe seiner unscheinbaren Fruchtkörper. Im Frühjahr gebildete Sporen sorgen, verbreitet insbesondere durch Wasserspritzer, für neue Infektionen an Blättern und Trieben, die nachfolgend erkranken und ihrerseits erneut Fruchtkörper und Sporen ausbilden. Dichte Bestände und eine feuchte Witterung fördern die Krankheit deutlich, ebenso wie eher mäßige Temperaturen von unter 20 °C. Unter günstigen Bedingungen kann sich der Pilz in einer Fläche rasch ausdehnen. Gefährdet ist besonders *Vinca minor* (Kleinblättriges Immergrün).

Symptome und Schadbild

Sowohl Blätter als auch Triebe, besonders am Stängelgrund, welken und verfärben sich anschließend rasch schwarz. Befallene Blätter fallen vorzeitig ab, sodass die Pflanzen hier von unten verkahlen.

Vorbeugen und bekämpfen

Rückschnitt befallener Triebe oder Entfernen erkrankter Pflanzen. Keine Bewässerung über die Pflanze hinweg. Einsatz von Fungiziden im Frühjahr.

Ganz nah dran

Bei näherer Betrachtung (Lupe) finden sich auf den abgestorbenen Blättern und Triebabschnitten kleine, dunkle Fruchtkörper (0,1 mm) in teils größerer Zahl.

Immergrün

Auf einen Blick

- Blätter und Triebe verfärben sich dunkel
- häufig verkahlen die Triebe von unten
- eine feuchte Witterung fördert den Befall

Immergrün

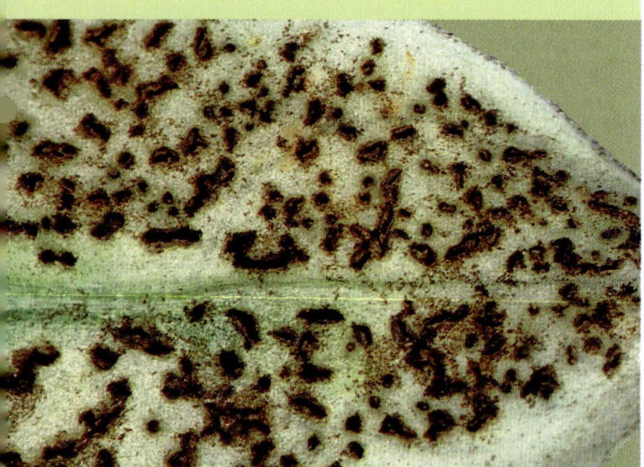

Rostpilz

Puccinia vincae
Pilz

Steckbrief

Die auf der Blattunterseite gebildeten Wintersporen (Teleutosporen) dienen dem Pilz zur Überwinterung. Zusätzlich werden vermutlich auch Pflanzenteile vom Pilz durchwachsen, die eine weitere Überdauerungsmöglichkeit darstellen. Im Frühjahr gebildete Sporen sorgen, vom Wind verbreitet, für neue Infektionen an den Blättern, die sich zyklusartig bis in den Herbst fortsetzen. Eine eher trocken-warme Witterung fördert das Auftreten des Pilzes.

Symptome und Schadbild

Befallene Blätter tragen oberseits kleine, gelbliche Flecken, blattunterseits zeigt sich ein meist flächiger, brauner, leicht ausstäubender Sporenbelag (Uredosporen). Zum Herbst hin bilden sich blattunterseits vermehrt die deutlich dunkel gefärbten Wintersporenlager. Insgesamt weisen infizierte Pflanzen einen eher aufrechten Wuchs auf, auch sind die Blätter kleiner und rollen sich etwas nach oben ein.

Vorbeugen und bekämpfen

Entfernen befallener Blätter im Herbst. Einsatz von Fungiziden im Frühjahr.

Auf einen Blick

- braune Sporenlager auf der Blattunterseite im Sommer
- Überwinterung an den infizierten Blättern (Wintersporen)
- trocken-warme Witterung fördert die Pilzentwicklung

Kommt auch vor an

Der hier am Immergrün auftretende Rostpilz ist ausschließlich auf *Vinca*-Arten beschränkt. Andere im näheren Umfeld durch Rostpilze geschädigte Pflanzen sind von anderen Rostpilzarten befallen.

Johanniskraut

Johanniskrautrost

Verschiedene Arten
Pilz

Steckbrief

Die Überwinterung des Pilzes ist innerhalb der Pflanze als überdauerndes Pilzmyzel möglich oder mit Hilfe von dunklen Wintersporen (Teleutosporen). Im Frühjahr gebildete Sporen werden mit dem Wind auf andere Pflanzen übertragen und sorgen hier für neue Infektionen und die Bildung neuer Sporenlager, die sich über die Vegetationszeit zyklusartig fortsetzen. Die Anfälligkeit gegenüber dem Pilz ist arten- und sortenabhängig unterschiedlich hoch.

Symptome und Schadbild

Blattoberseits bilden sich ab dem späten Frühjahr verteilt auftretende, gelbe Flecken, die im Jahresverlauf deutlich verbräunen. Auf der Blattunterseite kommt es zur Bildung der braunen Sommersporenlager (Uredosporen), die meist flächig auftreten. Zum Herbst hin finden sich blattunterseits zunehmend die dunklen Wintersporenlager. Ein stärkerer Befall hat einen Laubfall zur Folge.

Vorbeugen und bekämpfen

Entfernen stärker befallener Pflanzen. Weniger anfällige Sorten und Arten bevorzugen. Einsatz von Fungiziden im Frühjahr.

Kommt auch vor an

Die an Johanniskraut auftretenden Rostpilze sind beschränkt auf *Hypericum*-Arten, andere Pflanzen werden von ihnen nicht befallen.

Auf einen Blick

- blattoberseits anfangs gelbe, später verbräunende Flecken
- blattunterseits Ausbildung brauner Sporenlager
- arten- und sortenabhängiger Befall

Kiefer

Diplodia-Triebsterben

Diplodia pinea
Pilz

Steckbrief

Dieser wärmeliebende Pilz tritt seit Mitte der 90er-Jahre auch in Deutschland als bedeutende Erkrankung an Kiefern auf. An den Nadeln, Trieben oder auch älteren Zapfen werden kugelige, dunkle Fruchtkörper (Einzelgröße 0,2 mm) in teils höherer Zahl gebildet, deren Sporen im Frühjahr, verbreitet vom Wind, zu Neuinfektionen führen. Befallen wird vom Pilz bevorzugt junges Gewebe (Nadeln, Knospen, diesjährige Triebe), das geschädigt wird und später auch abstirbt. Trockenstress, Insektenbefall oder ein Hagelschlag erhöht die Anfälligkeit der Pflanzen deutlich. Eine feuchte Frühjahrswitterung, der sich Trockenphasen anschließen, fördert zusätzlich die Entwicklung des Pilzes.

Symptome und Schadbild

In Abhängigkeit vom Infektionszeitpunkt sind abgestorbene Knospen, gekrümmte und verdrehte einjährige Triebe, eine Verbräunung der zudem im Wuchs gestauchten Nadeln und ein Austritt von Harz an den befallenen Trieben zu beobachten. Bodennahe Astpartien sind meist stärker befallen. Nachweis von kugeligen Fruchtkörpern an den abgestorbenen Stellen.

Vorbeugen und bekämpfen

Erkrankte Triebabschnitte im Winter zurückschneiden. Trockenstress vermeiden. Ältere Zapfen entfernen. Vorbeugender Einsatz von Fungiziden (Frühjahr).

Auf einen Blick

- wärmeliebender Pilz
- verdrehte und gekrümmte einjährige Triebe
- Vorbeugen einer Erkrankung durch Vermeiden von Trockenstress

Kommt auch vor an

Der Pilz tritt bisher nur an Kiefern auf, wobei die Wald-Kiefer und die Schwarz-Kiefer besonders anfällig sind.

Dothistroma-Nadelbräune

Dothistroma septospora
Pilz

Steckbrief

In den Nadeln des Vorjahres in den Fruchtkörpern gebildete Sporen sorgen, verbreitet vom Wind, ab Juni für neue Infektionen an den jungen, einjährigen Nadeln. Innerhalb eines Jahres durchwächst der Pilz die Nadeln bis zur Bildung neuer Fruchtkörper und Sporen. Auf den abgestorbenen Nadeln kommt es im Frühjahr zur Bildung anderer Fruchtkörper und Sporen, die ebenfalls für eine Verbreitung des Pilzes sorgen. Als anfällig gelten neben der Schwarz-Kiefer auch die Wald- und die Krummholz-Kiefer. Dichte und feuchte Bestände sind besonders gefährdet.

Symptome und Schadbild

Infizierte Nadeln zeigen ab dem späten Frühjahr kleine, gelbliche Punkte, später dann deutlich rot gebänderte Streifen. Die geschädigten Nadeln verbräunen bis zum nächsten Frühjahr. Die braunen Nadeln bleiben teils noch Jahre am Baum hängen.

Vorbeugen und bekämpfen

Rückschnitt infizierter Triebabschnitte. Weniger anfällige Kiefern bevorzugen. Vorbeugender Einsatz von Fungiziden zum Frühjahr (Infektionszeitpunkt).

Nicht verwechseln!

Ohne eine Laboruntersuchung ist die sichere Unterscheidung zu anderen Nadel- oder Schüttepilzen nicht möglich.

Kiefer

Auf einen Blick

- rot gebänderte Streifen an den erkrankten Nadeln
- die Nadeln werden braun, bleiben aber noch lange am Baum
- Schwarz-Kiefern sind besonders anfällig

Auf einen Blick

- mit Kotkrümeln angereicherte Gespinste am Maiaustrieb
- im Inneren lebt und frisst eine Larve
- Überwinterung der Larven im Boden

Kieferngespinstblattwespe

Acantholyda hieroglyphica
Gespinstblattwespe

Steckbrief

1 Generation pro Jahr. Nach der Überwinterung als Larve im Boden und der Verpuppung im Frühjahr treten ab Mai die ersten geflügelten Tiere auf. Diese sind schwarz-gelb gefärbt und besitzen blassgelbe Flügel. Am jungen Maiaustrieb erfolgt die Eiablage. Die Larven leben und fressen in den gebildeten Gespinsten bis in den Juli hinein. Sie sind braun-grünlich gefärbt, bis 3 cm lang, haben einen dunklen Kopf und besitzen deutliche Fühler. Im Sommer wandern sie dann in den Boden zur späteren Überwinterung.

Symptome und Schadbild

Am jungen Maiaustrieb treten auffällig braun gefärbte, mit krümeligem Kot stark angereicherte Gespinste auf, in deren Innerem sich die Larve befindet und an den Nadeln frisst. Insgesamt ergibt sich ein auffälliges Schadbild, das eine Gesamtlänge von knapp 10 cm erreichen kann. Durch den Fraß der Larven kann der vollständige Maiaustrieb vernichtet werden.

Vorbeugen und bekämpfen

Entfernen der Gespinste mit den darin enthaltenen Larven.

Nicht verwechseln!

Bei einer nur flüchtigen Betrachtung ähneln die braunen Kotkrümel den männlichen Blüten der Kiefer.

Kiefernharzgallenwickler

Petrova resinella
Schmetterling

Steckbrief

Zweijährige Entwicklungsdauer. Die in einer harzigen Galle am Baum überwinternden Larven verpuppen sich im Frühjahr, sodass etwa ab Mai die nachtaktiven, dunkel gefärbten Falter auftreten. Diese legen ihre Eier bevorzugt an die Enden von Seitentrieben ab. Die sich entwickelnde Larve bohrt sich nach einem anfänglichen Schabefraß später in den Trieb ein und überwintert in einem erbsengroßen, gallenartigen Konglomerat aus Kot, Harz und Gespinst. Im zweiten Jahr vergrößert sich die Galle, in der die Larve auch weiterhin lebt und tiefer in den Trieb eindringt. Im Frühjahr des dritten Jahres erfolgt die Verpuppung zum Falter. Geschwächte sowie junge Kiefern werden bevorzugt befallen.

Symptome und Schadbild

Je nach Entwicklungsjahr sind nur die eher unscheinbaren, erbsengroßen Gallen an den Enden der Seitentriebe zu sehen oder aber die auffälligen, mehrere Zentimeter großen Harzgallen. Im Inneren findet sich, erkennbar nach einem Anschnitt, jeweils eine dunkel gefärbte Larve. Die Nadeln der darüberliegenden Triebabschnitte vergilben teilweise, später knickt auch häufig das gesamte Triebende ab.

Vorbeugen und bekämpfen

Rückschnitt der befallenen Triebabschnitte vor dem Schlupf der Falter.

Ganz nah dran

Die Larven sind dunkel gefärbt und tragen dunkle Warzen am Körper.

Kiefer

Auf einen Blick

- verharzte Gallen an den Enden der Seitentriebe
- im Inneren der Gallen lebt eine dunkel gefärbte Larve
- zweijähriger Entwicklungszyklus

Kiefer

Auf einen Blick

- gelbliche Rostpusteln an den Nadeln der Kiefer
- Wirtswechsel zu verschiedenen krautigen Pflanzen
- ein frühzeitiges Abfallen der Nadeln tritt nur selten auf

Kiefernnadelrost

Verschiedene *Coleosporium*-Arten
Pilz

Steckbrief

Die verschiedenen Rostpilzarten, die an der Kiefer den Nadelrost verursachen, benötigen für ihren vollständigen Lebenszyklus eine weitere, krautige Pflanzenart. Je nach Rostpilzart sind Glockenblume, Kreuzkraut oder auch Huflattich geeignet. In Form dunkler Teleutosporen überwintert der Pilz an den Blättern der krautigen Pflanzen. Von dort erfolgt im Frühjahr die Infektion der Kiefernnadeln. Die hier in der Folge gebildeten Aecidiosporen sorgen dann, übertragen vom Wind, für die weitere Verbreitung auf die krautigen Pflanzen.

Symptome und Schadbild

An den Kiefernnadeln zeigen sich im Frühjahr wenige Millimeter große, gelbliche Sporenlager. Befallene Nadeln bleiben noch vergleichsweise lange am Baum haften, ein früher Nadelfall tritt seltener auf. Gefährdet sind weniger die großen Bäume, als vielmehr Sämlinge oder Jungpflanzen.

Vorbeugen und bekämpfen

Entfernung benachbarter Unkräuter zur Vermeidung einer Infektion an der Kiefer im Frühjahr. Einsatz von Fungiziden im Frühjahr.

Ganz nah dran

Die Größe einer einzelnen Spore an der Kiefer beträgt nur 30 µm, (1 µm = 1 / 1000 Millimeter). In jeder Rostpilzpustel befinden sich somit Tausende von Sporen.

Kiefernrinden-blasenrost

Cronartium flaccidum
Pilz

Steckbrief

Es handelt sich hierbei um einen wirtswechselnden Rostpilz, der für seinen Lebenszyklus zweinadelige Kiefern und bestimmte krautige Pflanzen benötigt. Er überdauert mehrjährig in den Trieben der Kiefer (z. B. Wald-Kiefer, Schwarz-Kiefer) und bildet zum Frühjahr an den Trieben Sporenlager aus. Die hier enthaltenen Sporen werden vom Wind übertragen und infizieren bestimmte krautige Pflanzen (z. B. Pfingstrose, Enzian). Auf diesen findet bis in den Spätsommer hinein ein eigener Vermehrungs- und Infektionszyklus statt. Über spezielle, vom Wind übertragene Sporen erfolgt zum Jahresende dann die Infektion zweinadeliger Kiefern. Die krautigen Pflanzen müssen im Gegensatz zu den Kiefern jedes Jahr neu infiziert werden.

Symptome und Schadbild

Erkrankte Kiefern zeigen an den Trieben oder auch am Stamm, teils unter starker Harzbildung, im Frühjahr eine warzenartig aufreißende Rinde mit vielen Sporenlagern.

Vorbeugen und bekämpfen

Erkrankte Kieferntriebe vor der Sporenfreisetzung abschneiden. Weniger anfällige, nicht zweinadelige Kiefern bevorzugen. Nähe zu erkrankten krautigen Pflanzen meiden oder diese zum Spätsommer mit Fungiziden behandeln (Reinfektion der Kiefern).

Ganz nah dran

Die auf der Rinde auftretenden Sporenlager besitzen eine weiße Hülle und setzen eine große Menge gelblicher Sporen frei.

Auf einen Blick

- befallen werden nur zweinadelige Kiefern
- erkrankte Kiefern bleiben mehrjährig infiziert
- der Pilz lebt im Wirtswechsel mit krautigen Pflanzen

Kiefer

Kiefernschütte

Lophodermium seditiosum
Pilz

Steckbrief

Der Pilz überwintert innerhalb der im Sommer infizierten Nadeln an der Pflanze. Im Frühjahr verfärben sich die Nadeln braun und fallen ab. Auf diesen abgeworfenen Nadeln bilden sich Fruchtkörper und Sporen, die, übertragen vom Wind, zu neuen Nadelinfektionen am Baum führen. Ein dichter Stand der Bäume und eine feuchte Witterung fördern das Auftreten der Krankheit. Die Wald-Kiefer (*Pinus sylvestris*) ist besonders gefährdet.

Symptome und Schadbild

Ab dem Spätsommer entwickeln sich an den Nadeln kleine, gelbe Flecken, die in Zahl und Größe bis zum Frühjahr zunehmen und sich dann braun verfärben. Im Frühjahr kommt es bei einem stärkeren Befall zum Abwurf der verbräunten Nadeln (Schütte), sodass die Pflanzen von innen her verkahlen. Der Neuaustrieb bleibt symptomlos. An den unter der Pflanze am Boden liegenden Nadeln bilden sich im Sommer dunkle, längliche Fruchtkörper aus (Lupe).

Vorbeugen und bekämpfen

Absammeln der abgefallenen Nadeln bis zum Ende des Frühjahrs (vor der Fruchtkörperbildung). Einsatz weniger anfälliger Kiefernarten. Dichte Bestände und feuchte Lagen meiden. Vorbeugender Einsatz von Fungiziden im Sommer zum Infektionszeitpunkt.

Auf einen Blick

- Abwurf verbräunter Nadeln im Frühjahr
- betroffen ist der innere Bereich der Pflanze
- die Wald-Kiefer ist besonders gefährdet

Nicht verwechseln!

Auch andere Schaderreger sowie abiotische Ursachen können für einen Nadelfall (Schütte) bei Kiefern verantwortlich sein.

Kiefer

Scleroderris-Triebsterben

Gremmeniella abietina
Pilz

Steckbrief

Die an den abgestorbenen Nadeln und Trieben gebildeten Fruchtkörper sorgen im Frühjahr über die gebildeten Sporen für neue Infektionen benachbarter Pflanzen. Infiziert werden sowohl Knospen als auch Triebe. Der Pilz durchwächst nachfolgend das befallene Gewebe. Unter den Kiefernarten ist insbesondere die Schwarz-Kiefer anfällig, auch sind dichte und feuchte Bestände besonders gefährdet.

Symptome und Schadbild

Frisch infizierte Nadeln verbräunen von der Basis zur Spitze hin, bis sie vollständig abgestorben sind und anschließend auch abfallen. Es kommt zu einem verkahlen der befallenen Triebe. Bei stärkerer Vergrößerung sind an den abgestorbenen Trieben die dunklen Fruchtkörper erkennbar. Infizierte Knospen zeigen neben einer verstärkten Harzbildung bereits im Winter (erkennbar nach einem Anschnitt) verbräunte Stellen im Gewebe.

Vorbeugen und bekämpfen

Rückschnitt infizierter Triebabschnitte. Weniger anfällige Kiefernarten bevorzugen. Dicht stehende Bestände vermeiden.

Kommt auch vor an

Neben der Kiefer kann der Pilz auch an Fichten auftreten und dort ebenfalls ein Triebsterben verursachen.

Auf einen Blick

- anfängliches Verbräunen der Nadeln von der Basis zur Spitze hin
- nachfolgendes Verkahlen der Triebe und Triebsterben
- die Schwarz-Kiefer ist besonders anfällig

Kiefer

Weymouthskiefernblasenrost

Cronartium ribicola
Pilz

Steckbrief

Dieser Pilz benötigt für seinen vollständigen Zyklus neben der hochanfälligen Weymouth-Kiefer (*Pinus strobus*) auch bestimmte Beerenobststräucher (hochanfällig: Schwarze Johannisbeere, Stachelbeere). Im Winter befindet sich der Rostpilz innerhalb der Kieferntriebe. Nach einer mehrjährigen Entwicklungszeit bildet der Pilz Fruchtkörper und Sporen außerhalb der Rinde, die mit Hilfe des Windes auf Johannis- und Stachelbeere übertragen werden und zu Blattinfektionen führen. Hier an den Blättern im Spätsommer gebildete Sporen sorgen wieder für eine Infektion an den Kiefern.

Symptome und Schadbild

Am Stamm oder an den Trieben der Kiefern zeigen sich im Frühjahr spindelförmige Anschwellungen, die nach kurzer Zeit blasenförmige Fruchtkörper in teils hoher Zahl mit deutlich orange gefärbten Sporen freisetzen. Infizierte Triebe und Stämme können je nach Befallsgrad rasch absterben. Die Blätter am Beerenobst entwickeln oberseits gelbliche Flecken, während sich unterseits deutlich braun gefärbte Rostpusteln ausbilden.

Vorbeugen und bekämpfen

Räumliche Nähe zu Johannis- und Stachelbeere meiden. Rückschnitt infizierter Triebe. Weniger anfällige Kiefernarten verwenden. Vorbeugender Einsatz von Fungiziden im Spätsommer (Infektionszeitpunkt).

Auf einen Blick

- orange gefärbte Sporenlager an den Trieben der Kiefer im Frühjahr
- der Pilz überdauert viele Jahre in der Kiefer
- Wirtswechsel mit Johannis- und Stachelbeere

Kommt auch vor an

Neben der namensgebenden Weymouth-Kiefer können auch andere fünfnadelige Kiefern befallen werden.

Bakteriose

Pseudomonas syringae
Bakterien

Steckbrief

Die Überwinterung erfolgt meist direkt an der Pflanze oder aber an abgefallenen Pflanzenteilen am Boden. Über Wasserspritzer gelangen die Bakterien im Frühjahr auf die Blätter, die nachfolgend infiziert werden. Förderlich für eine Infektion sind feuchte Bedingungen (enger Stand, Bewässerung von oben), auch sind Pflanzen im Container anfälliger als eingepflanzt im gewachsenen Boden. Eine erhöhte Düngung (Salzstress) erhöht ebenfalls die Anfälligkeit der Pflanzen. Die Empfindlichkeit der Sorten ist sehr unterschiedlich (anfällig ist beispielsweise: 'Otto Luyken').

Symptome und Schadbild

Blätter besonders der unteren Blattetagen besitzen kreisrunde, rotbraun gefärbte und von einem hellen Hof umgebene, bis zu 4 mm große Befallsstellen, die später herausfallen (Schrotschusseffekt). Teils zeigen auch Triebe Schäden, wobei darüberliegende Bereiche absterben können.

Vorbeugen und bekämpfen

Weniger anfällige Sorten bevorzugen. Entfernen befallener Blätter. Feuchte Lagen meiden. Bewässerung über die Wurzeln. Einsatz von kupferhaltigen Pflanzenschutzmitteln im Frühjahr zur vorbeugenden Behandlung.

Nicht verwechseln!

Ein ähnliches Schadbild kann auch durch Pilze hervorgerufen werden. Charakteristisch für die Bakteriose ist der helle, die Flecken umgebende Hof (Gegenlicht).

Kirschlorbeer

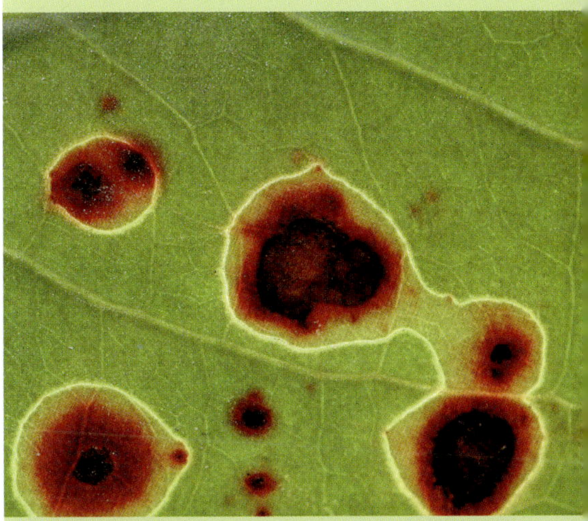

Auf einen Blick

- kreisförmige Befallsstellen der Blätter, die später herausfallen
- Befallsstellen mit hellem Hof (Gegenlicht)
- unterschiedliche Anfälligkeit der Kirschlorbeersorten

Kirschlorbeer

Auf einen Blick

- Blätter zeigen Deformationen oder Blattrandkrümmungen
- Pilzbelag auf der Blattunterseite nur bei stärkerer Vergrößerung erkennbar
- bevorzugte Infektion junger Blätter

Echter Mehltau

Podosphaera tridactyla
Pilz

Steckbrief

Weniger mit Hilfe seiner kugeligen Fruchtkörper (dunkel, Einzelgröße 0,1 mm) als vermutlich eher in Form eines Myzels überwintert der Pilz an den Blättern des Kirschlorbeer. Im Frühjahr gebildete Sporen sorgen für eine Infektion der jungen Blätter, ältere Blätter im weiteren Jahresverlauf werden dagegen nicht befallen. Eine Verbreitung erfolgt mit Hilfe des Windes über die blattunterseits am Myzel gebildeten Sporen, die hier kettenartig abgegeben werden.

Symptome und Schadbild

Im Frühjahr zeigen sich deformierte Blätter mit deutlichen, blasenförmigen Auftreibungen oder auch einer einseitigen Krümmung des Blattrandes. Betroffen sind nur junge Blätter. Das Schadbild ähnelt optisch einem Wanzenbefall. Blattunterseits ist nur bei stärkerer Vergrößerung ein weißliches Myzel erkennbar, an dem auch Trägerstrukturen und Sporen zu sehen sind. Das Schadausmaß ist meist auf einzelne Blätter und Zweigpartien beschränkt.

Vorbeugen und bekämpfen

Einsatz von Fungiziden im Frühjahr. Verzicht auf anfällige Sorten. Entfernung stark befallener Blätter im Frühjahr. Kein Rückschnitt im Sommer (Förderung der Bildung junger, anfälliger Blätter).

Kommt auch vor an

Dieser Mehltaupilz tritt spezifisch an Kirschlorbeer auf, als anfällig gelten u. a. die Sorten ‘Schipkaensis Macrophylla’, ‘Rotundifolia’ und ‘Etna’.

Kirschlorbeer

Miniermotte

Lyonetia clerkella
Schmetterling

Steckbrief

3 Generationen pro Jahr. An geschützten Stellen an der Pflanze oder im näheren Umfeld überwintern die Falter (3 mm groß, weiße Vorderflügel mit dunklem Fleck an der Spitze). Ab April werden vom Weibchen bis zu 60 Eier auf die Unterseite der Blätter abgelegt. Die Larven (bis zu 7 mm groß, grünlich gefärbt) minieren im Blatt. Die Verpuppung erfolgt blattunterseits in einem hellen Kokon, der vergleichbar einer Hängematte mit verschiedenen Fäden befestigt ist.

Symptome und Schadbild

Die Miniergänge im Blatt beginnen meist an der Hauptader und verlaufen schlangenförmig. Durch kreisförmige Gänge ausgesparte Blattteile fallen vollständig heraus (Lochbildung). Im Inneren der Gänge sind grünliche Larven anzutreffen, entsprechend der Larvenentwicklung werden die Gänge später etwas breiter. Auf der Blattunterseite finden sich Puppenkokons. Bei starkem Befall ist auch ein vorzeitiger Laubfall möglich.

Vorbeugen und bekämpfen

Absammeln der befallenen Blätter vor dem Ausschlupf der Falter. Mechanische Zerstörung der Larven in ihren Gängen. Einsatz von Insektiziden gegen die jungen Larven.

Kommt auch vor an

Neben Kirschlorbeer treten die Larven auch an anderen Ziersträuchern und Obstgehölzen auf (u. a. Kirsche, Eberesche, Felsenbirne, Birke).

Auf einen Blick

- schlangenförmige Miniergänge im Blatt
- drei Generationen pro Jahr
- Überwinterung als Falter

Kirschlorbeer

Auf einen Blick

- Blätter mit löchrigem Gewebe, das später herausfällt
- ältere Blätter werden kaum befallen
- Bakterien können ähnliche Symptome hervorrufen

Schrotschusskrankheit

Stigmina carpophila
Pilz

Steckbrief

Der Pilz überwintert insbesondere an den Trieben und Zweigen, teils auch im abgefallenen Laub. Im Frühjahr gebildete Sporen werden durch Wasserspritzer und Wind auf junge Blätter übertragen, die nachfolgend vom Pilz infiziert werden. Ältere Blätter werden kaum befallen (Altersresistenz). Eine feuchte Witterung zum Zeitpunkt der Infektion fördert den Befall deutlich, dichte Bestände sind somit besonders anfällig.

Symptome und Schadbild

Infizierte Blätter besitzen teils großflächig auf den Blättern auftretende, rote bis bräunliche runde Flecken, die sich rasch vom umgebenden Gewebe lösen und später als Ganzes herausfallen. Zurück bleibt ein auffälliges, löchriges Blattgewebe (Schrotschusseffekt). Ein verfrühter Laubfall findet nicht statt. Ähnliche Schadsymptome können auch durch eine Bakterienerkrankung hervorgerufen werden.

Vorbeugen und bekämpfen

Entfernung erkrankter Blätter. Feuchte Lagen und schattige Standorte meiden. Einsatz von Fungiziden im zeitigen Frühjahr.

Kommt auch vor an

Neben Kirschlorbeer tritt dieser Pilz auch an anderen *Prunus*-Arten (Kirsche, Pflaume) auf und ist hier ebenfalls als „Schrotschusskrankheit“ bekannt.

Bakteriose

Xanthomonas campestris
Bakterien

Steckbrief

Die Überdauerung erfolgt im abgestorbenen Pflanzengewebe oder auch für längere Zeit im Boden. Zum Frühjahr werden die Bakterien durch Wasserspritzer auf die Pflanzen übertragen und infizieren diese bevorzugt über Wunden und Spaltöffnungen der Blätter. Eine feucht-warme Witterung fördert das Auftreten dieser Bakterienerkrankung.

Symptome und Schadbild

Erkrankte Blätter besitzen anfangs braune bis graue Flecken, die sich bevorzugt am Blattrand befinden und auch zusammenfließen. Später verbräunen die Blätter vollständig, trocknen ein und sind meist deutlich gekrümmt. Bei einem starken Befall können die Pflanzen auch ganz absterben. Erste Symptome treten meist erst ab Juni auf.

Vorbeugen und bekämpfen

Vermeidung feuchter Bedingungen (kein dichter Stand, Pflanzen nicht am Abend gießen, sofern möglich Bewässerung nur über die Wurzel und nicht über die Pflanze). Deutlich erkrankte Pflanzen frühzeitig entfernen. Bei eigener Vermehrung auf die Entnahme gesunder Stecklinge achten. Desinfektion der Schnittwerkzeuge (70%iger Alkohol). Vorbeugender Einsatz kupferhaltiger Pflanzenschutzmittel.

Ganz nah dran

Bakterien sind aufgrund ihrer Einzelgröße von 1/1000 Millimeter mit bloßem Auge nicht erkennbar, teilweise quellen sie in der Masse als Schleimtropfen aus dem Gewebe heraus.

Lavendel

Auf einen Blick

- Verbräunung der Blätter vom Blattrand her
- Förderung durch eine feucht-warme Witterung
- Schadsymptome meist erst ab Juni

Lavendel

Blattfleckenpilze

Verschiedene Arten
Pilz

Steckbrief

Die Überdauerung erfolgt pilzabhängig entweder mit Hilfe kleiner, kugeliger Fruchtkörper an den abgefallenen Blättern (*Septoria*) oder aber durch die Bildung dunkler, unscheinbarer Dauerkörper und den Verbleib als Pilzmyzel an toter, organischer Substanz (*Botrytis*). Auch eine Saatgutübertragbarkeit ist möglich. Unter feuchten Bedingungen werden Sporen freigesetzt, die bevorzugt über Wasserspritzer (*Septoria*) oder auch Wind (*Botrytis*) übertragen werden und die Blätter infizieren. Ein enger Stand der Pflanzen und warm-feuchte Bedingungen fördern den Befall.

Symptome und Schadbild

Pilzabhängig treten unterschiedliche Symptome auf. Bei *Botrytis* verbräunt das Blattgewebe und es entwickelt sich rasch ein mausgrauer Pilzbelag (Grauschimmel). Der *Septoria*-Pilz bildet eckig-braune Blattflecken aus, die anfangs nur wenige Millimeter klein sind, aber rasch zu größeren Flecken zusammenfließen. Hier sind dunkle Kügelchen (Fruchtkörper) erkennbar.

Vorbeugen und bekämpfen

Für eine gute Belüftung und sonnige Bedingungen sorgen. Pflanzen so gießen, dass sie rasch abtrocknen können (keine Bewässerung am Abend). Bei eigener Vermehrung nur Entnahme gesunder, kräftiger Stecklinge. Einsatz von Fungiziden.

Auf einen Blick

- **bräunliche Blattflecken mit teils mausgrauem Pilzrasen**
- **Förderung der Pilze durch warm-feuchte Bedingungen**
- **Verbreitung je nach Pilz durch Wasserspritzer oder Wind**

Ganz nah dran

Bei beiden Pilzen werden bevorzugt die Blätter im inneren, unteren Bereich der Pflanze befallen.

Wurzelfäule

Pythium- und *Phytophthora*-Arten
Pilz

Steckbrief

In mikroskopisch kleinen Dauersporen (Oosporen), die der Pilz im abgestorbenen Pflanzenmaterial bildet, überdauert er den Winter und darüber hinaus teils mehrere Jahre im Boden. Unter günstigen Umweltbedingungen (feuchte Standorte, kühle bis mäßige Temperaturen) keimen diese Dauersporen mit beweglichen Sporen aus, die sich im Bodenwasser gezielt fortbewegen und die Wurzeln infizieren. Je nach Erreger wird die Wurzelspitze (*Pythium*) oder der Wurzelhals (*Phytophthora*) infiziert. Beide Erreger sind nicht auf Lavendel spezialisiert, sondern können auch andere Stauden und Kräuter infizieren.

Symptome und Schadbild

Junge Blätter zeigen eine Welke und werden blass in der Farbe. Blätter und Triebe verbräunen von der Spitze her. Je nach Befallsgrad stirbt die ganze Pflanze ab. Wurzel und/oder Wurzelhals zeigen Verbräunungen im Inneren (Rinde mit dem Fingernagel abschaben).

Vorbeugen und bekämpfen

Entfernen erkrankter Pflanzen und deren Wurzeln. Vermeidung von Staunässe oder länger anhaltender Bodenfeuchte. Einsatz von Fungiziden (Gießbehandlung).

Ganz nah dran

Da die Erreger nur innerhalb der Pflanze wachsen, sind außerhalb keine pilzlichen Anzeichen (Sporenbelag, Fruchtkörper) erkennbar.

Auf einen Blick

- Braunfärbung und Absterben von Wurzel/Wurzelhals
- Erreger können auch andere Pflanzen schädigen
- Überdauerung in mikroskopisch kleinen Dauersporen

Borkenkäfer

Verschiedene *Phloeosinus*-Arten
Käfer

Steckbrief

1 Generation pro Jahr. Nach der Überwinterung als Larve im Stamm treten ab Mai die ersten Käfer auf, sie sind 2 mm lang und dunkel gefärbt. Die Weibchen bohren sich für ihren Reifungsfraß wenige Zentimeter in die kurzen Triebe von *Thuja* und anderen Zypressengewächsen ein. Innerhalb des Stammes erfolgt dann die Ablage der Eier. Die beinlosen, hellen Larven mit dem dunklen Kopf entwickeln sich in der Rinde und im Splintholz und zeigen ein arttypisches Fraßbildmuster (mehrere Zentimeter lange, doppelarmige Längsgänge mit nach beiden Seiten abgehenden, zahlreichen Larvengängen). Geschwächte Pflanzen werden bevorzugt befallen.

Symptome und Schadbild

Die Schäden des Reifungsfraßes zeigen sich durch die an der Pflanze verteilt auftretenden, abgestorbenen, braun gefärbten Triebspitzen (mit dem Käfer teils im Inneren). Hier ist auch ein deutlicher Harzaustritt feststellbar. Die Folgen der Larvenfraßschäden im Stammbereich zeigen sich unspezifisch in einer Nadelverfärbung bis zum Absterben der Pflanze.

Vorbeugen und bekämpfen

Entfernen kranker Pflanzen vor dem Austritt der Käfer. Standortoptimierung (Bewässerung, Düngung). Verbräunte Triebspitzen im Frühjahr zurückschneiden. Vorbeugender Einsatz von Insektiziden gegen die Käfer.

Auf einen Blick

- verbräunte Triebspitzen im Frühjahr
- Fraßgänge der Larven unter der Rinde
- Schädigung bis zum Absterben der Pflanze

Kommt auch vor an

Neben *Thuja*-Arten (Lebensbaum) können auch andere Zypressengewächse befallen werden.

Miniermotte

Verschiedene *Argyresthia*-Arten
Schmetterling

Steckbrief

1 Generation pro Jahr. Nach der Überwinterung als Larve an der Pflanze (artabhängig in den Schuppenblättern oder in einem Kokon außen an der Rinde) und der Verpuppung im Frühjahr treten ab Mai die ersten unscheinbaren, weiß gefärbten Falter auf. Sie legen ihre Eier auf die Spitze der Schuppenblätter, in welche die geschlüpften Larven als Minierer dann eindringen. Die Larven durchlaufen mehrere Stadien, in welchen sie aber weiterhin als Minierer in den Blattschuppen leben.

Symptome und Schadbild

Die Triebspitzen verbräunen im Jahresverlauf zunehmend. Im Gegenlicht sind Miniergänge, die im Inneren lebenden Larven und Kotreste erkennbar, teils auch kleine Ausbohrlöcher. Die Länge der Einzelminen beträgt artabhängig 1–2 cm am Wacholder (eine Larve frisst hier mehrere Minen) und bis zu 5 cm am Lebensbaum (eine Larve frisst nur eine Mine).

Vorbeugen und bekämpfen

Rückschnitt befallener Triebspitzen bis zum Herbst. Förderung von Nützlingen (Vögel). Einsatz von Insektiziden gegen die eiablegenden Falter und die jungen Larven in den Blattschuppen.

Kommt auch vor an

Artabhängig werden nicht nur die Blattschuppen von *Thuja* (Lebensbaum), sondern auch von *Juniperus* (Wacholder) und *Chamaecyparis* (Scheinzypresse) befallen.

Lebensbaum

Auf einen Blick

- Verbräunung von der Spitze der Schuppenblätter her
- im Inneren der Schuppenblätter sind minierende Larven zu finden
- Befall tritt an verschiedenen Zypressengewächsen auf

Lebensbaum

Schuppenbräune

Didymascella thujina
Pilz

Steckbrief

In den befallenen Blattschuppen (an der Pflanze oder teils schon abgefallen und am Boden liegend) überwintert der Pilz. Die innerhalb der Schuppen gebildeten Fruchtkörper (1–2 mm lang, kissenartig, braun gefärbt) können nahezu ganzjährig Sporen abgegeben und neue Schuppenblätter infizieren. Die Infektionen erfolgen jedoch vorwiegend im Frühjahr, gefördert durch eine feuchte Witterung. Jüngere Pflanzen sind deutlich anfälliger als alte.

Symptome und Schadbild

Bevorzugt die Schuppenblätter der unteren Äste und Zweige werden braun, wobei sich zu Beginn nur einzelne Schuppen verfärben und die Verbräunungen erst später zusammenfließen. Auf den Schuppen sind bei näherer Betrachtung ovale, flache, im Gewebe eingelassene Fruchtkörper erkennbar, die von einem hautartigen Überzug bedeckt sind. Dieser reißt später auf und hinterlässt eine deutliche Vertiefung. Stärker befallene Triebe verkahlen schließlich durch den Abwurf der verbräunten Schuppenblätter.

Vorbeugen und bekämpfen

Rückschnitt und Entfernen stärker befallener Triebe. Vermeidung feuchter Bedingungen (weiter Stand, Bewässerung über die Wurzeln). Einsatz von Fungiziden.

Auf einen Blick

- Verbräunung der Schuppenblätter
- bei näherer Betrachtung Fruchtkörper mit hautartigem Überzug
- jüngere Pflanzen sind anfälliger

Kommt auch vor an

Befallen werden nur *Thuja*-Arten (Lebensbaum), andere Zypressengewächse sind nicht gefährdet.

Triebsterben

Verschiedene Arten
Pilz

Steckbrief

Verschiedene Pilze können an den Schuppenblättern und Trieben von Zypressengewächsen für Schäden sorgen (*Kabatina, Pestalotia, Phomopsis*). Die Überdauerung der Pilze erfolgt im Regelfall an den Trieben an der Pflanze, teils aber auch an den abgestorbenen Schuppenblättern. Förderlich für einen Befall sind feuchte Bedingungen, ein enger Stand und auch eine mangelhafte Nährstoffversorgung der Pflanzen (Schwächeerreger). Die Anfälligkeiten sind teils arten- und sortenabhängig.

Symptome und Schadbild

Anfangs sind nur wenige, sich braun verfärbende Schuppen sichtbar, dann dehnt sich der Befall häufig rasch aus, sodass die einjährigen Triebe an der Spitze über eine Länge von mehreren Zentimetern absterben. Bei näherer Betrachtung finden sich an den Trieben dunkel gefärbte Sporenlager. Häufig sind auch deutliche Triebeinschnürungen erkennbar. Ganze Pflanzen (Sämlinge und sehr junge Pflanzen einmal ausgenommen), werden nur selten bis zum Absterben geschädigt.

Vorbeugen und bekämpfen

Optimierung der Standortfaktoren (Wasser- und Nährstoffversorgung). Rückschnitt infizierter Triebe. Kein zu enger Stand. Einsatz von Fungiziden.

Ganz nah dran

Eine sichere Trennung der unterschiedlichen pilzlichen Erreger ist nur im Mikroskop bei Betrachtung der Fruchtkörper und Sporen möglich.

Lebensbaum

Auf einen Blick

- ein Befall beginnt meist an den einjährigen Trieben
- feuchte Bedingungen und ein enger Stand fördern den Befall
- verschiedene Pilzarten kommen als Ursache in Frage

Liguster

Blattfleckenpilze

Verschiedene Arten
Pilz

Steckbrief

In den im abgefallenen Laub zuvor gebildeten kleinen Fruchtkörpern überdauert der Pilz den Winter. Zum Frühjahr hin werden die aus den Fruchtkörpern austretenden Sporen mit Hilfe von Wasserspritzern und Wind auf Pflanzen im näheren Umfeld übertragen. Gefördert wird ein Befalll durch einen engen Stand und eine feucht-warme Witterung. Im Jahresverlauf und zum Herbst hin werden pilzabhängig entsprechende Fruchtkörper gebildet.

Symptome und Schadbild

Insbesondere an den bodennah wachsenden Blättern zeigen sich Blattflecken, die pilzartabhängig unterschiedlich aussehen. Meist bilden sich mehrere Millimeter große, rundliche Flecken mit dunkler Grundfarbe, deren Zentrum sich im späteren Verlauf hell färben und/oder die von einem dunkleren Rand optisch umsäumt sind. Einzelflecken können später auch zu größeren Flecken zusammenfließen. Bei näherer Betrachtung sind auf den Blattflecken kleine Kügelchen (Fruchtkörper) oder ein schwacher Pilzrasen zu erkennen. Liegt ein stärkerer Befall vor, kommt es zu einem verfrühten Laubfall.

Vorbeugen und bekämpfen

Entfernung des abgefallenen Laubes. Lockeren Stand und luftigen Standort wählen. Bewässerung nur über die Wurzeln, nicht über die Pflanze. Einsatz von Fungiziden.

Auf einen Blick

- dunkle Blattflecken, die teils zusammenfließen
- Überwinterung der Pilze im Falllaub
- Förderung durch engen Stand und feuchte Witterung

Ganz nah dran

Eine sichere Trennung der einzelnen Pilzarten (*Septoria, Cercospora, Thedgonia*) ist nur durch eine mikroskopische Untersuchung im Labor möglich.

Ligusterblattlaus

Myzus ligustri
Blattlaus

Liguster

Steckbrief

Mehrere Generationen pro Jahr. Den Winter überdauert die Blattlaus als Ei an den Trieben. Im Frühjahr schlüpfen dann die Weibchen und vermehren sich lebendgebärend, ohne Männchen. Durch die Bildung von geflügelten Tieren können auch andere Pflanzen befallen werden, wobei Pflanzen an trockenen Standorten stärker gefährdet sind. Die Läuse sind 1–2 mm lang, gelblich gefärbt und besitzen zwei lange Hinterleibsröhren. Im Herbst werden Geschlechtstiere (Männchen und Weibchen) gebildet, deren begattete Weibchen Eier zur Überwinterung ablegen.

Symptome und Schadbild

Durch eine frühe Besiedlung rollen sich die Blätter längs zur Hauptachse nach unten sehr eng ein und krümmen sich anschließend als Ganzes teils kreisförmig nach unten. In den entrollten Blättern sind einzelne, gelb gefärbte Blattläuse zu sehen. Befallene Blätter bleiben zum Teil lange Zeit grün, zeigen jedoch auch gelbliche bis rötliche Blattverfärbungen. Verfrühter Laubfall ist möglich.

Vorbeugen und bekämpfen

Entfernen der befallenen Blätter (Rückschnitt). Frühzeitiger Einsatz von Insektiziden gegen die Läuse oder bereits gegen die an den Trieben überwinternden Eier.

Kommt auch vor an

Als Wirtspflanzen sind nur verschiedene Ligusterarten geeignet, andere Sträucher werden nicht befallen.

Auf einen Blick

- längs der Hauptader eng eingerollte Blätter
- Blattläuse im Inneren der Blattrollen
- Überwinterung als Ei an den Trieben

Liguster

Auf einen Blick

- nacktschneckenähnliche Larven fressen an den Blättern
- Überwinterung als Puppe im Boden
- schwarze Kotflecken auf den Blättern

Ligusterblattwespe

Macrophya punctumalbum
Blattwespe

Steckbrief

1 Generation pro Jahr. Nach der Überwinterung als Puppe im Boden treten etwa ab Mai die ersten geflügelten Blattwespen auf; es überwiegen hier im Regelfall die Weibchen. Diese sind dunkel gefärbt, etwa 8 mm groß, ähneln äußerlich einer schlanken Stubenfliege und besitzen helle Flecken auf der Brust. Die Eier werden blattoberseits ins Gewebe eingelassen, aus denen ab Juni die nacktschneckenähnlichen Larven schlüpfen (grün-gelb gefärbt, dunkler Kopf, bis 1,5 cm lang). Bereits im August wandern die Larven zur Verpuppung in den Boden.

Symptome und Schadbild

Auf den Blättern finden sich auffällig schwarz glänzende Kotflecken der erwachsenen Tiere sowie im Sommer nacktschneckenartige Larven (Afterraupen). Die Blätter werden anfangs noch durch einen Schabefraß geschädigt, später tritt auch Lochfraß auf. Bei einem starken Auftreten können die Blätter nahezu skelettiert werden.

Vorbeugen und bekämpfen

Entfernen der Larven vor der Abwanderung im Spätsommer. Einsatz von Insektiziden gegen die jungen Larven.

Kommt auch vor an

Neben Liguster können die Larven der Blattwespen auch an den Blättern von Esche und Flieder schädigend auftreten.

Ligusterschwärmer

Sphinx ligustri
Schmetterling

Steckbrief

1 Generation pro Jahr. Nach der Überwinterung als Puppe im Boden treten ab Juni die dämmerungsaktiven Falter auf. Diese im Gesamtbild rosafarbenen, recht großen Falter (Spannweite bis zu 10 cm) legen ihre grünlich gefärbten Eier blattunterseits oder auch am Stängel ab. Die Raupen fressen bevorzugt in der Nacht und erreichen eine Länge von 10 cm. Sie sind grün gefärbt, tragen seitlich 7 rötlich-weiße Schrägstreifen und besitzen einen deutlichen Dorn am Hinterleib. Ab dem Spätsommer verlassen sie ihre Wirtspflanzen und wandern zur Verpuppung in den Boden.

Symptome und Schadbild

Es entstehen vergleichsweise geringe Fraßschäden an den Ligusterblättern. Trotz ihrer Größe von bis zu 10 cm sind die nachtaktiven Raupen tagsüber schwer nachweisbar, da sie farblich gut getarnt sind und oft mit dem Rücken nach unten an der Pflanze sitzen. Werden die Raupen gestört nehmen sie eine S-förmige Schreckstellung durch Anheben des Kopfes ein. Unter dem Strauch finden sich bis zu 4 mm große Kotballen der Raupen.

Vorbeugen und bekämpfen

Absammeln der Raupen per Hand. Fraßschäden sind normalerweise zu vernachlässigen, ein Einsatz von Insektiziden ist meist nicht erforderlich.

Kommt auch vor an

Neben dem namensgebenden Liguster können auch andere Sträucher als Wirtspflanzen genutzt werden (u. a. Forsythie, Flieder, Schneeball, Esche).

Liguster

Auf einen Blick

- große, grünlich gefärbte Raupen mit einem Dorn am Hinterleib
- nur geringe Fraßschäden an den Blättern
- rosafarbene, große Falter

Lilie

Lilienhähnchen

Lilioceris lilii
Käfer

Steckbrief

2–3 Generationen pro Jahr. An geschützten Stellen überwintert der 6–8 mm große Käfer mit den auffällig rot gefärbten Flügeldecken und dem ebenfalls roten Halsschild. Ab April besiedelt er die Lilien und legt nach der Paarung etwa 1 mm große, rötlich bis braun gefärbte Eier in kleinen Gelegen auf die Blätter ab. Die Larven erreichen eine spätere Länge von 6–8 mm, sind orangefarben, meist jedoch von einem dunklen Kot überzogen (ähnelt damit Vogelkot). Nach einem 14-tägigen Fraß der Larven wandern diese in den Boden zur Verpuppung. Etwa 3 Wochen später schlüpft der Käfer der nächsten Generation.

Symptome und Schadbild

Im Frühjahr treten erste Fraßschäden durch die überwinternden Käfer auf (Blattrand, Lochfraß). Die Larven können die Pflanzen bis zum Kahlfraß schädigen. Auf den befallenen Blättern sind jahreszeitenabhängig die Eier, Larven oder auch der Käfer nachweisbar. Die Käfer geben, in die Hand genommen, zirpende Geräusche ab (Hähnchen).

Vorbeugen und bekämpfen

Absammeln der einzelnen Entwicklungsstadien, insbesondere der gefräßigen Larven. Regelmäßige Kontrolle der Pflanzen auf einen Befall. Frühzeitiger Einsatz von Insektiziden.

Auf einen Blick

- auffällig rot-schwarz gefärbte Käfer
- orangefarbene, von Kot bedeckte Larven
- größere Schäden bis zum Kahlfraß sind möglich

Kommt auch vor an

Neben den verschiedenen Lilienarten werden auch andere Pflanzen befallen, beispielsweise Kaiserkrone, Schachblume oder Maiglöckchen.

Lilie

Wurzelpilze

Verschiedene *Pythium*- und *Phytophthora*-Arten
Pilz

Steckbrief

Durch die Bildung mikroskopisch kleiner Dauersporen, die in den Wurzeln gebildet werden, bleibt der Pilz auch nach dem Absterben der Pflanze für mehrere Jahre im Boden lebensfähig. Unter feuchten, eher mäßig warmen Bedingungen bildet der Pilz im Bodenwasser bewegliche Sporen aus, die den Wurzelhals und/oder die Wurzelspitze infizieren können. Das weitere Wachstum erfolgt innerhalb der Pflanze. Nach dem Tod der Pflanze oder der Wurzeln bildet der Pilz seine Dauersporen aus.

Symptome und Schadbild

Durch die Beeinträchtigung der Wurzel treten oberirdisch eher unspezifische Schadsymptome auf. Ältere Blätter zeigen Welkeerscheinungen, verfärben sich rötlich und verbräunen später. Häufig kommt es zum Absterben der gesamten Pflanze. Ausgegrabene Pflanzen weisen bräunliche, teils tote Wurzeln oder einen verbräunten Wurzelhals auf. Ein Pilzmyzel ist äußerlich weder auf den Blättern noch auf den unterirdischen Organen erkennbar.

Vorbeugen und bekämpfen

Zum Pflanzen stets gesunde, nicht verletzte Zwiebeln verwenden. Vermeidung von staunassen Bedingungen (für Dränage sorgen). Einsatz von Fungiziden.

Nicht verwechseln!

An der Zwiebel selbst greifen eine Vielzahl weiterer Pilz an (*Fusarium, Sclerotium, Colletotrichum*), die oberirdisch dann zu ähnlichen Symptomen führen können.

Auf einen Blick

- Absterben der Wurzel oder des Wurzelhalses
- Förderung durch staunasse Bedingungen
- Pilze können mehrere Jahre im Boden überdauern

Mahonie

Auf einen Blick

- Blätter mit einem rötlichen Punktemuster blattoberseits
- blattunterseits im Sommer braun ausstäubende Sporenlager
- Verbreitung der Sporen großflächig mit dem Wind

Mahonienrost

Cumminsiella mirabilissima
Pilz

Steckbrief

Die Überdauerung des Pilzes erfolgt mit Hilfe der dunklen, kältetoleranten Wintersporen (Teleutosporen), die der Pilz ab dem Spätsommer blattunterseits entwickelt. Die hieraus zum Frühjahr gebildete nächste Sporenform infiziert, übertragen vom Wind, benachbarte Mahonien. Anschließend entstehen zusätzliche Sporenformen, wobei die Sommersporen (Uredosporen) zyklusartig im Sommer gebildet werden und, ebenfalls vom Wind verbreitet, für eine weitere Ausbreitung sorgen.

Symptome und Schadbild

Befallene Blätter zeigen blattoberseits ein feines, rötliches Punktemuster, oft durch Blattadern begrenzt, das im Gegenlicht betrachtet besonders auffällig ist. Blattunterseits zeigen sich im Frühjahr eher gelbliche Sporenlager, die jedoch den Sommer über stets braunrot gefärbt sind. Im Herbst treten blattunterseits deutlich dunkel gefärbte Wintersporen auf.

Vorbeugen und bekämpfen

Laubentfernung im Herbst. Entfernung der zum Jahresbeginn zuerst befallenen Blätter (also noch vor der Sporenbildung). Einsatz von Fungiziden.

Nicht verwechseln!

Neben dem beschriebenen Mahonienrost kann, beschränkt allerdings nur auf eine kurze Zeit im Frühjahr, ein anderer Rostpilz (Getreideschwarzrost) an der Mahonie auftreten.

Echter Mehltau

Microsphaera berberidis
Pilz

Mahonie

Steckbrief

Neben der Überwinterung unmittelbar an der Pflanze in den Knospen als Pilzgeflecht bildet der Pilz zusätzlich am Laub zum Herbst hin kleine, kugelige Dauerkörper aus (Einzelgröße 0,1 mm). Im Frühjahr treten aus den Fruchtkörpern kleine Sporen aus, die mit Hilfe des Windes weiter getragen werden und für erste Infektionen an den Pflanzen sorgen. Über das Jahr hinweg bildet der Pilz zusätzlich vegetative Sporen aus, die zyklusartig für eine großflächige Verbreitung sorgen. Eine trocken-warme Witterung („Schönwetterpilz“) sowie eine überhöhte Stickstoffdüngung fördern den Befall.

Symptome und Schadbild

Befallene Blätter besitzen einen weißen, mehligen Belag auf der Blattoberseite, wobei die Blätter lokal an den Infektionsstellen meist deutlich rötlich verfärbt sind. Teils kann auch die gesamte Blattfläche befallen sein. Eher selten werden auch Triebe und Früchte geschädigt. Die Abgabe der Sporen erfolgt nicht wie sonst üblich für Echte Mehltaupilze in Ketten sondern einzeln (Lupe!).

Vorbeugen und bekämpfen

Entfernung des mit Fruchtkörpern bestückten Laubes im Herbst. Rückschnitt stärker infizierter Blätter im Frühjahr. Einsatz von Fungiziden.

Kommt auch vor an

Neben Mahonien können zusätzlich auch Berberitzen von dieser Mehltauart befallen werden.

Auf einen Blick

- **weißer, mehliger Belag auf der Blattoberseite**
- **Blätter sind meist rötlich verfärbt**
- **Förderung durch trocken-warme Witterung**

Pfingstrose

Bakteriose

Xanthomonas campestris
Bakterien

Steckbrief

Die Überdauerung der Bakterien erfolgt im befallenen Pflanzengewebe, eingeschränkt auch im Boden. Günstige Vermehrungsbedingungen finden die Bakterien bei warmer und feuchter Witterung vor. Über Wasserspritzer werden sie auf andere Pflanzen übertragen und infizieren die Blätter über Verletzungen oder über die Spaltöffnungen.

Symptome und Schadbild

Infizierte Blätter zeigen braun-rötliche Blattflecken mit einem sie umgebenden, gelblichen Hof. Das Zentrum der Flecken wird häufig heller und fällt auch heraus, sodass kleinere Löcher entstehen. Häufig treten diese Symptome verstärkt am Blattrand auf. Aufgrund der abgestorbenen Bereiche und des sonst weiterwachsenden Gewebes ergeben sich Blattdeformationen, wobei manche Blätter auch abgewinkelt weiterwachsen. Die Schadsymptome sind an den jungen Blättern meist deutlich stärker ausgebildet.

Vorbeugen und bekämpfen

Stark befallene Pflanzen frühzeitig entfernen. Absammeln und Entfernen des erkrankten Laubes im Herbst. Keine Bewässerung über die Pflanze hinweg am Abend. Keine zu dichte Pflanzung. Vorbeugende Spritzungen mit kupferhaltigen Pflanzenschutzmitteln.

Auf einen Blick

- rötliche Blattflecken, verstärkt am Blattrand
- Überdauerung der Bakterien im erkrankten Laub
- jüngste Blätter sind meist stärker betroffen

Nicht verwechseln!

Die Symptome können denjenigen von pilzlichen Blattfleckenerregern ähneln. Eine sichere Diagnose ist nur über ein Labor möglich.

Blattfleckenpilze

Verschiedene Arten
Pilz

Pfingstrose

Steckbrief

Am abgestorbenen Pflanzenmaterial oder auch am Saatgut kann der Pilz überdauern. Die im Frühjahr in den Fruchtkörpern gebildeten Sporen werden insbesondere über Wasserspritzer und Pflegearbeiten an der Pflanze (Werkzeuge) übertragen. Feuchte Bedingungen und mäßig warme Temperaturen fördern die Infektion und Ausbreitung des Pilzes.

Symptome und Schadbild

Pilzartabhängig werden unterschiedliche Symptome hervorgerufen. So bedingt *Cladosporium paeoniae* rötlich-violette Flecken, die teils zu größeren Flecken zusammenfließen. Blattunterseits bildet sich an den Befallsstellen ein flacher, samtartiger Sporenbelag aus. Der Pilz *Septoria paeoniae* hingegen bildet größere, bräunliche Flecken mit einem purpurnen Rand aus. Das Zentrum der Flecken bricht teilweise aus. Auch Stiele können geschädigt werden. Bei näherer Betrachtung der Blätter und Stiele finden sich hier kleine, kugelige Fruchtkörper (Einzelgröße 0,5 mm).

Vorbeugen und bekämpfen

Absammeln und Entfernen der befallenen Blätter im Herbst. Keine Bewässerung über die Pflanze hinweg am Abend. Kein zu dichter Stand. Befallsfreies Saatgut verwenden. Weniger anfällige Sorten bevorzugen. Einsatz von Fungiziden.

Nicht verwechseln!

Blattflecken können auch durch Bakterien hervorgerufen werden, die teils auch ähnliche Symptome zeigen.

Auf einen Blick

- je nach Pilzart unterschiedliche Blattflecken
- Überdauerung im Herbstlaub oder Saatgut
- engen Stand und Bewässerung am Abend vermeiden

Pfingstrose

Auf einen Blick

- braunrote Flecken auf der Blattoberseite der Pfingstrose
- Wirtswechsel mit zweinadeligen Kiefern
- Kiefern bleiben mehrjährig infektiös

Filzrost

Cronartium flaccidum
Pilz

Steckbrief

Dieser Rostpilz benötigt für seinen Entwicklungszyklus zwei unterschiedliche Pflanzen (Wirtswechsel): zweinadelige Kiefern (z. B. Schwarz-Kiefer, Wald-Kiefer) und Pfingstrosen (alternativ auch einige andere Pflanzen, z. B. Enzian, Kapuzinerkresse). Im Frühjahr entstehen an den Trieben der Kiefern blasige, weißlich umhüllte Sporenbehälter (Blasenrost), deren freigesetzte, gelbliche Sporen mit dem Wind auf Pfingstrosen übertragen werden. Nach der Infektion werden den Sommer über zyklusartig neue, braun gefärbte Sporen gebildet (Uredosporen). Zum Spätsommer hin entwickeln sich dunkle Wintersporen (Teleutosporen), deren nachfolgend gebildete Sporen dann im Herbst die Kiefer infizieren. Die Kiefern bleiben im Gegensatz zur Pfingstrose mehrjährig infiziert.

Symptome und Schadbild

Auf der Blattoberseite der Pfingstrosen finden sich braunrote, oft eher längliche Blattflecken, die blattunterseits hellbraune Sporenlager in hoher Zahl aufweisen. Im Herbst werden dunkle Sporen gebildet, die dem Blatt ein filziges Aussehen geben (Filzrost).

Vorbeugen und bekämpfen

Verwendung weniger anfälliger Sorten. Räumliche Trennung zu infizierten, zweinadeligen Kiefern. Einsatz von Fungiziden.

Nicht verwechseln!

An Kiefern treten auch andere Rostpilze auf, die beispielsweise einen Wirtswechsel mit Johannisbeere durchlaufen (Weymouthskiefernblasenrost).

Echter Mehltau

Erysiphe magnicellulata
Pilz

Phlox

Steckbrief

Mit Hilfe seiner auf den Blättern zum Herbst gebildeten Fruchtkörper (Einzelgröße 0,1 mm) überwintert der Pilz. Im Frühjahr treten aus den Fruchtkörpern Sporen aus, die mittels Wind verbreitet werden. Die auf der Pflanze jeweils neu gebildeten Sporen sorgen ihrerseits wieder für eine rasche Ausbreitung des Pilzes. Gefördert werden Infektionen und Ausbreitung durch trocken-warme Tagestemperaturen („Schönwetterpilz“) in Verbindung mit kühleren Taunächten. Anhaltend feuchte Bedingungen tagsüber hemmen die Pilzentwicklung deutlich.

Symptome und Schadbild

Blätter, teils auch die Blüten, besitzen einen weißlichen Belag, der hauptsächlich auf der Blattoberseite, bei einem stärkeren Befall aber auch blattunterseits auftreten kann. Bei einem ausgeprägten Befall, wie er häufiger im Spätsommer vorkommt, zeigt sich die gesamte Blattspreite weiß bemehlt, wobei hier bei näherer Betrachtung in Ketten abgegebene Sporen zu sehen sind. Als Folge des Befalls werden die Blätter braun und sterben ab. Im Herbst entstehen auf den Blättern die dunklen, kugeligen Fruchtkörper in teils hoher Zahl.

Vorbeugen und bekämpfen

Absammeln und Entfernen befallener Blätter im Herbst. Wahl weniger empfindlicher Arten und Sorten. Einsatz von Fungiziden.

Nicht verwechseln!

Das Schadbild ist eindeutig, es gibt keine Verwechslungsmöglichkeiten mit anderen Schadursachen.

Auf einen Blick

- weißlicher, mehliger Belag auf der Blattoberseite
- trocken-warme Witterung am Tag fördert den Pilz
- Überwinterung in Fruchtkörpern am Blatt

Phlox

Septoria-Blattflecken

Septoria phlogis
Pilz

Steckbrief

Die Überwinterung erfolgt im Pflanzengewebe als vom Pilz gebildete, kugelige, unscheinbare Fruchtkörper. Die aus diesen im Frühjahr austretenden Sporen werden mittels Wasserspritzer auf die Blätter übertragen und sorgen hier für erste Infektionen. Über weiter vom Pilz zyklusartig gebildete Sporen und anschließende neue Infektionen findet eine weitere Ausbreitung im Bestand statt. Eine feuchte Witterung und mäßig-warme Temperaturen fördern den Pilz in seiner Entwicklung und Ausbreitung. Der Pilz kann auch mit dem Saatgut übertragen werden. Die Anfälligkeit ist Sortenabhängig ausgeprägt.

Symptome und Schadbild

Bevorzugt die Blätter der unteren Blattetagen weisen rot-bräunliche Flecken bis zu einer Größe von 5 mm auf, die zu Beginn noch ein helles Zentrum besitzen. Die einzelnen Blattflecken können im Laufe der Zeit zusammenfließen, sodass die gesamte Blattspreite verbräunt, eintrocknet und frühzeitig abfällt. Aufgrund des Befalls wird auch die Bildung der Blüte deutlich beeinträchtigt.

Vorbeugen und bekämpfen

Absammeln und Entfernen der befallenen Blätter. Bewässerung bevorzugt über die Wurzel und nicht über die Pflanze hinweg. Weniger anfällige Sorten pflanzen. Nur gesundes Saatgut verwenden. Einsatz von Fungiziden.

Auf einen Blick

- runde, rotbraune Blattflecken in teils höherer Zahl
- Förderung des Pilzes durch feuchte Bedingungen
- Überdauerung im Herbstlaub oder im Saatgut

Ganz nah dran

Innerhalb der Blattflecken werden die bei näherer Betrachtung erkennbaren, etwa 0,5 mm großen Fruchtkörper in größerer Zahl gebildet.

Stängelnematoden

Ditylenchus dipsaci
Nematoden

Phlox

Steckbrief

Mehrere Generationen pro Jahr. Ungünstige Bedingungen können die Nematoden für längere Zeit in einer Art Ruhestadium (Anabiose) überstehen. Die Überdauerung des Winters erfolgt im befallenen Pflanzengewebe. Im Frühjahr können die kleinen Älchen (1 mm Länge, 20 µm Durchmesser) über einen außen auf der Pflanze liegenden Wasserfilm aktiv den Stängel hochwandern und nachfolgend in die Pflanze eindringen. Innerhalb der Pflanze findet die weitere Entwicklung der Tiere (Eiablage) und die Bildung weiterer Generationen statt. Die Tiere saugen mit ihrem Mundstachel die Pflanzenzellen aus. Sie können durch Wasserspritzer oder auch aktiv auf andere Pflanzen übergehen. Pflanzen auf schweren Böden sind stärker gefährdet.

Symptome und Schadbild

Die Stängel befallener Pflanzen sind stärker verzweigt und tragen schmale, teils vergilbende und deformierte Blätter. Blüten werden kaum ausgebildet. Ältere Triebe zeigen häufiger Längsrisse.

Vorbeugen und bekämpfen

Kein zu enger Stand. Keine Bewässerung über die Pflanze hinweg oder am Abend. Zukauf gesunder Pflanzen (Meristemkultur). Entfernen befallener Pflanzen im Herbst (nicht auf den Kompost geben).

Kommt auch vor an

Stängelälchen besitzen einen größeren Wirtspflanzenkreis und können auch andere Zierpflanzen und Stauden befallen (u. a. Gladiole, Primel, Ringelblume, Zinnie).

Auf einen Blick

- deformierte Stängel und Blätter
- Nematoden leben unerkannt im Inneren der Pflanze
- Eindringen in die Pflanze über einen äußeren Wasserfilm

Auf einen Blick

- das Wurzelgewebe stirbt durch den Pilzbefall ab
- oberirdisch zeigen sich Blattvergilbungen und Absterbeerscheinungen
- kranke Pflanzen nicht auf den Kompost geben

Wurzelpilze

Verschiedene Arten
Pilz

Steckbrief

Je nach Pilzart erfolgt die Überdauerung in befallenen Wurzeln oder mit Hilfe von (mikroskopischen) Dauerkörpern, teils ist auch eine Saatgutübertragbarkeit möglich. Die Infektion findet in Abhängigkeit von der Pilzart über die Wurzel (*Thielaviopsis*) oder auch den Wurzelhals (*Rhizoctonia*) statt. Feuchte Bodenbedingungen wirken sich förderlich auf die Pilzentwicklung aus, ebenso wie ein hoher Salzgehalt im Boden (*Thielaviopsis*). Das vom Pilz besiedelte Wurzelgewebe stirbt später ab.

Symptome und Schadbild

Wurzeln und/oder der Wurzelhals zeigen braune Verfärbungen und Absterbeerscheinungen. Aufgrund dieser Schädigungen treten oberirdisch unspezifische Symptome in Form von Blattvergilbungen, einer Welke bis zum Absterben einzelner Triebe und dann der gesamten Pflanze auf. Pilzartabhängig ist am Wurzelhals auch ein Pilzrasen erkennbar (z. B. bei *Rhizoctonia*).

Vorbeugen und bekämpfen

Entfernen befallener Pflanzen (nicht auf den Kompost). Vermeidung hoher Salzgehalte. Pflanzen nicht zu feucht kultivieren. Weiter Pflanzanstand. Einsatz von Fungiziden.

Kommt auch vor an

Neben Flammenblumen können von den genannten Wurzelpilzen auch viele andere Zierpflanzen infiziert werden.

Blattfleckenpilze

Verschiedene Arten
Pilz

Steckbrief

In den auf den Blattflecken gebildeten Fruchtkörpern und Pilzlagern (Einzelgröße 0,1 – 0,2 mm) überwintern die verschiedenen Blattfleckenpilze. Im Frühjahr quellen die Fruchtkörper auf und entlassen Sporen, die über Wind und Wasserspritzer auf benachbarte Pflanzen übertragen werden und diese infizieren. Die hier nach der Symptomausbildung gebildeten Fruchtkörper und Sporen sorgen ihrerseits für eine weitere Verbreitung innerhalb der Vegetationszeit. Feuchtschattige Lagen fördern einen Befall.

Symptome und Schadbild

Die Symptome, nicht jedoch die Biologie der Pilze, unterscheiden sich je nach Pilzart teilweise recht deutlich. So bildet *Glomerella cingulata* zu Beginn kleine, rotbraune Flecken, die von einem deutlich gelben Hof umgeben sind, später aber als Ganzes verbräunen. Dunkle Blattflecken mit einem rötlichen Rand werden meist durch *Cercospora rhododendri* hervorgerufen. Eher hellgrau gefärbte Blattflecken sind für *Pestalotia*-Arten charakteristisch. Je nach Befallsgrad ist ein Laubfall möglich.

Vorbeugen und bekämpfen

Meiden von schattigen Lagen. Entfernen der befallenen Blätter vor der Sporenabgabe. Einsatz von Fungiziden.

Nicht verwechseln!

Große, braune Blattflecken können auch durch eine intensive Sonneneinstrahlung („Sonnenbrand“) hervorgerufen werden.

Rhododendron

Auf einen Blick

- Überwinterung der Pilze im Falllaub
- Verbreitung der Sporen über Wasserspritzer und Wind
- pilzartabhängige Symptome

Rhododendron

Echter Mehltau

Verschiedene Arten
Pilz

Steckbrief

Artabhängig erfolgt die Überwinterung entweder in den Knospen als Myzel oder mittels kleiner Fruchtkörper (Einzelgröße 0,1 mm), die im Herbst in hoher Zahl auf der Blattunterseite gebildet werden. Die im Frühjahr austretenden Sporen werden insbesondere mit dem Wind auf andere Pflanzen und Blätter übertragen und sorgen für neue Infektionen. Dieser Infektionszyklus setzt sich mehrfach innerhalb der Vegetationszeit fort. Laubwerfende Rhododendren (Azaleen) sind deutlich anfälliger als immergrüne Pflanzen.

Symptome und Schadbild

Blattoberseits kommt es, insbesondere bei immergrünen Rhododendren, zur Bildung leicht gelblicher Flecken, die teils von einem rötlichen Rand umgeben sind. Später bildet sich der mehltautypische, weiße bis grauweiße, mehlige Belag sowohl auf der Blattober- als auch Blattunterseite aus. Ein starker Befall, der meist nur bei Azaleen auftritt, hat einen frühen Laubfall zur Folge. Zum Herbst hin findet sich blattunterseits eine Vielzahl dunkler, zu Beginn noch gelber Fruchtkörper.

Vorbeugen und bekämpfen

Weniger anfällige Arten verwenden. Absammeln des infizierten Laubes im Herbst (Azaleen). Frühzeitiger Einsatz von Fungiziden.

Auf einen Blick

- tritt bevorzugt bei sommergrünen Arten auf
- früher Laubfall bei starkem Befall
- weißer, mehliger Belag auf der Blattoberseite

Ganz nah dran

Eine Unterscheidung der einzelnen Mehltauarten an Rhododendron ist nur mit Hilfe eines Mikroskops möglich, die Biologie und somit Bekämpfung der Arten ist jedoch vergleichbar.

Ohrläppchenkrankheit

Exobasidium japonicum
Pilz

Steckbrief

Nach der Überwinterung in den Knospen der Pflanze bildet der Pilz Sporen, die im zeitigen Frühjahr von Wind und Insekten auf junge Blätter getragen werden und diese infizieren. Förderlich für eine Infektion sind eine feuchte Witterung und hohe Tag-Nacht-Schwankungen in den Temperaturen. Die weitere Entwicklung des Pilzes erfolgt unerkannt innerhalb der Pflanze. Auf den im Laufe der Zeit gebildeten, deutlich deformierten Blättern entstehen neue Sporen, die für eine Verbreitung im Bestand sorgen. Die Anfälligkeit gegenüber dem Pilz ist arten- und sortenabhängig unterschiedlich.

Symptome und Schadbild

Bevorzugt die Blätter an den Triebspitzen zeigen deutlich fleischige Anschwellungen und gallenförmige Deformationen (Namensgebung). Teilweise ist die gesamte Blattspreite betroffen. Äußerlich verändert sich die Farbe der Gallen von einem ursprünglichen Grün ins Rötliche und dann Weißliche, Letzteres bedingt durch den sich bildenden Sporenbelag.

Vorbeugen und bekämpfen

Nutzung weniger anfälliger Arten und Sorten. Absammeln der deformierten Blätter (vor der Sporenbildung). Einsatz von Fungiziden.

Kommt auch vor an

Neben Rhododendron werden insbesondere sommergrüne Azaleen von dem Pilz befallen.

Rhododendron

Auf einen Blick

- Bildung von fleischigen, gallenförmigen Deformationen an den Blättern
- Überdauerung an der Pflanze in den Knospen
- feuchte Witterung im Frühjahr fördert einen Befall

Rhododendron

Auf einen Blick

- feine Sprenkelung der Blätter
- Larven mit stacheligem Aussehen
- erwachsene Tiere mit netzartigen Flügeln

Rhododendron-netzwanze

Verschiedene *Stephanitis*-Arten
Wanze

Steckbrief

1 Generation pro Jahr. Die Überwinterung erfolgt als Ei im Blatt, abgelegt entlang der Hauptader auf der Blattunterseite und bedeckt von einem dunklen Kotüberzug. Ab Mai schlüpfen die ersten, 1 mm großen Larven. Sie sind flugunfähig und haben ein auffällig stacheliges Aussehen. Nach 4 Larvenstadien sind ab Juli erste Wanzen anzutreffen. Sie sind 4 mm groß, von flacher Statur, besitzen ein filigranes Aussehen und netzartige Flügel. Alle Stadien saugen an den Pflanzen. Ab August legen die Weibchen ihre Eier bevorzugt an die Blätter der Triebspitzen ab.

Symptome und Schadbild

Blattoberseits, häufig anfangs verstärkt entlang der Blattadern, finden sich gelbe Blattsprenkel. Auf der Unterseite sind jahreszeitenabhängig kleine, stachelige Larven zu sehen oder die netzartig geflügelten, aber flugträgen Netzwanzen. Weiterhin sind blattunterseits Häutungsreste und schwarze Kottropfen erkennbar. Stark befallene Blätter rollen sich nach unten ein und fallen vorzeitig ab.

Vorbeugen und bekämpfen

Entfernung der mit Eiern bestückten Blätter bis zum Frühjahr. Weniger anfällige Sorten pflanzen. Einsatz von Insektiziden, bevorzugt gegen die jungen Larven.

Nicht verwechseln!

Das Schadbild der Blattoberseite ähnelt einem Zikadenbefall. Schwarze Kottropfen blattunterseits treten aber nur bei den Netzwanzen auf.

Rhododendron-Weiße-Fliege

Dialeurodes chittendeni
Mottenschildlaus

Steckbrief

1 Generation pro Jahr. Auf der Blattunterseite überwintern die etwa 1 mm großen, grünlichgelben, ovalen Larven. Ab April erfolgt die Umwandlung in schildlausartige Puparien, aus denen nach kurzer Zeit die erwachsenen Tiere schlüpfen. Diese sind ebenfalls 1 mm groß, von fliegenähnlicher Statur und besitzen weiße Flügel („Mottenschildläuse"). Nach der Eiablage im Sommer schlüpfen die später auch überwinternden Larven. Alle Stadien saugen an der Pflanze.

Symptome und Schadbild

Im Frühjahr treten blattunterseits, teils auch sehr dicht sitzend, weißlich gefärbte „Fliegen" auf. Sie sind recht flugträge und lassen sich nach einer Störung rasch wieder auf der Pflanze nieder. Blattoberseits zeigen sich aufgrund des Saugens gelbliche Blattverfärbungen. Die Blätter sind aufgrund der Honigtauabgabe klebrig, zudem sind sie oft von dunklen Rußtaupilzen besiedelt. Im Winter finden sich bei näherer Betrachtung die halbdurchsichtigen Larven auf der Blattunterseite.

Vorbeugen und bekämpfen

Abfangen der erwachsenen Tiere mit Gelbtafeln. Einsatz von Insektiziden, bevorzugt gegen die Larven im Frühjahr.

Nicht verwechseln!

Neben dieser Art kann auch eine andere (mit vielen Generationen im Gewächshaus auftretende) Weiße-Fliegen-Art auf Pflanzen im Freiland während des Sommers übergehen.

Rhododendron

Auf einen Blick

- weißlich gefärbte „Fliegen" auf der Blattunterseite
- schwache Sprenkelung der Blattoberseite
- Überwinterung der Larven blattunterseits

Rhododendron

Auf einen Blick

- weghüpfende Zikaden im Sommer
- nur schwache Sprenkelung der Blätter
- Zikaden sind Wegbereiter für das Knospensterben

Rhododendronzikade

Graphocephala coccinea
Zikade

Steckbrief

1 Generation pro Jahr. Nach der Überwinterung als Ei in den Knospen der Rhododendronbüsche schlüpfen etwa ab April die hellgelb gefärbten, flugunfähigen Larven. Nach mehreren Häutungen treten ab Juni die ersten erwachsenen Zikaden auf. Alle Entwicklungsstadien saugen an den Pflanzen. Ab August legen die Weibchen ihre Eier in kleine Schlitze der Knospen ab. Diese Verwundungen nutzt ein Pilz (*Seifertia azaleae*), um in die Knospe einzudringen, die bis zum Frühjahr eintrocknet, abstirbt (Knospensterben) und von einem Pilzrasen bedeckt wird.

Symptome und Schadbild

Eine gelbliche, schwache Sprenkelung der Blätter (insbesondere der Triebspitzen) wird durch blattunterseits vorkommende, häufig schräg über das Blatt laufende Larven hervorgerufen. Sie hinterlassen weiße Häutungsreste blattunterseits. Bei sonnigem Wetter ab Juli treten rasch weghüpfende Zikaden auf. Eingetrocknete Knospen besitzen zum Frühjahr hin einen dichten, dunklen, stachelartigen Pilzrasen.

Vorbeugen und bekämpfen

Ausbrechen der vom Pilz befallenen Knospen. Aufhängen von Gelbtafeln ab Juli (Pflanzen schütteln zum Aufscheuchen der Zikaden). Einsatz von entsprechenden Insektiziden gegen die Larven und /oder erwachsenen Tiere.

Ganz nah dran

Die erwachsenen, sprungfähigen Zikaden sind knapp 1 cm groß, grün gefärbt und besitzen einige auffällige, rote Seitenstreifen.

Blattfleckenpilze

Phloeospora robiniae
Pilz

Steckbrief

Sowohl in infizierten Trieben an der Pflanze als auch im abgefallenen Laub in den dort zuvor gebildeten Fruchtkörpern (Einzelgröße 0,2 mm) erfolgt die Überwinterung des Pilzes. Die im Frühjahr entstehenden Sporen werden über Wasserspritzer und Wind weiter übertragen und sorgen für neue Infektionen an Blättern, Trieben und Blattstielen. Dieser Verbreitungszyklus kann sich mehrfach im Jahr wiederholen. Die Anfälligkeit gegenüber dem Pilz ist deutlich sortenabhängig. Eine feuchte Witterung im Frühjahr fördert einen Befall erheblich.

Symptome und Schadbild

An den Fiederblättern zeigen sich bevorzugt an der Spitze und am Blattrand hellbraune Flecken bis zu einer Größe von 1 cm. Befallene Blätter sind zusätzlich leicht deformiert und reißen partiell auch ein. Neben den befallenen Blättern können auch Triebe und Blattstiele braune Verfärbungen aufweisen. Die Pilzfruchtkörper sind nur mit Hilfe einer Lupe an Trieben und der Blattunterseite erkennbar.

Vorbeugen und bekämpfen

Entfernen befallener Blätter im Herbst. Rückschnitt infizierter Triebe. Weniger anfällige Sorten bevorzugen (anfällig sind Kugel-Robinie und Korkenzieher-Robinie). Einsatz von Fungiziden im Frühjahr.

Nicht verwechseln!

Blattflecken an der Robinie können auch durch andere Pilzarten (z. B. *Phyllosticta advena*) hervorgerufen werden, diese treten aber oft erst später im Jahr auf und sind dunkelviolett gefärbt.

Robinie

Auf einen Blick

- helle Blattflecken mit zusätzlich leichten Deformationen
- feuchte Witterung fördert einen Befall
- Überwinterung im Falllaub und in Trieben am Baum

Robinie

Auf einen Blick

- lokal eng eingerollte, gallenartige Blattränder
- in den Gallen befinden sich mehrere Larven
- Überwinterung als Larve im Boden

Robiniengallmücke

Obolodiplosis robiniae
Gallmücke

Steckbrief

2–3 Generationen pro Jahr. Nach der Überwinterung als Larve im Boden und der Verpuppung im Frühjahr treten ab Mai die ersten, nur wenige Millimeter großen Gallmücken auf. Die Ablage der Eier erfolgt an den Blattrand junger Blätter, der sich gallenartig eindreht und in dem die weitere Larvenentwicklung vollzogen wird. Während der Vegetationszeit findet die Verpuppung im Blatt am Baum statt.

Symptome und Schadbild

Teile vom Blattrand der einzelnen Fiederblätter sind eng nach unten eingerollt und verdickt. Von der Blattunterseite betrachtet bleibt die Galle weiter grün gefärbt, blattoberseits ist eine meist deutlich rote Verfärbung erkennbar. Die Blattränder wirken bei entfernter Betrachtung buchtenförmig eingeschnitten. An einem Fiederblatt können sich mehrere solcher Blattrandgallen befinden. In jeder Galle lassen sich nach Öffnung bis zu 6 Larven nachweisen. Ein verfrühter Laubfall zeigt sich nur bei einem stärkeren Befall.

Vorbeugen und bekämpfen

Absammeln befallener Blätter vor der Abwanderung der Larven. Ein Insektizideinsatz gegen die Larven oder erwachsenen Tiere erübrigt sich in den meisten Fällen.

Ganz nah dran

Die aus der Galle herausgelösten, beinlosen Larven sind zunächst weiß, später deutlich orange gefärbt und erreichen eine Länge von 1–4 mm.

Robinienminiermotte

Phyllonorycter robinella
Schmetterling

Robinie

Steckbrief

2–3 Generationen pro Jahr. Die Tiere überwintern als Larve oder Puppe im Blatt, klimaabhängig teils auch als kleiner, unscheinbarer Falter (Spannweite 5 mm). Innerhalb des Blattes findet auch die Entwicklung der gelblichen, 3–5 mm großen Larven statt, die dort als Minierer leben. Auch die spätere Verpuppung vollzieht sich im Blatt. Die Verbreitung der Falter erfolgt überwiegend passiv durch Luftströmungen.

Symptome und Schadbild

Befallene Blätter besitzen blattoberseits flächig begrenzt auftretende Sprenkelungen. Auf der Blattunterseite zeigt sich entsprechend eine große, weiß gefärbte Platzmine, in deren Innerem nach Öffnung bis zu 3 Larven oder Puppen zu sehen sind. Auf einem Fiederblatt können auch mehrere dieser Minen auftreten. Nur in Ausnahmefällen befinden sich die Minen auch blattoberseits. Bei einem verstärkten Befall kommt es zu einem verfrühten Laubfall.

Vorbeugen und bekämpfen

Entfernen befallener Blätter vor der Verpuppung zum Falter. Einsatz von Insektiziden.

Nicht verwechseln!

Neben dieser Art tritt an Robinien eine weitere Miniermottenart auf (*Parectopa robiniella*), die jedoch bei sonst ähnlicher Biologie deutlich fingerförmige Minen ausbildet.

Auf einen Blick

- deutlich weiß gefärbte Minen blattunterseits
- Sprenkelungen auf der Blattoberseite
- Überwinterung der Miniermotten (als Larve, Puppe oder auch Falter) im Blatt

Rose

Auf einen Blick

- weißer, mehliger Pilzbelag auf Blättern und Knospen
- Förderung durch trocken-warme Witterung
- Überwinterung des Pilzes in den Knospen an der Pflanze

Echter Mehltau

Sphaerotheca pannosa
Pilz

Steckbrief

Der Pilz überwintert bevorzugt als Myzel innerhalb der Knospen der Triebspitzen, eher selten auch mit Hilfe dunkler Fruchtkörper (Einzelgröße 0,1 mm), die sich blattunterseits im Falllaub befinden. Die zum Frühjahr gebildeten Sporen werden hauptsächlich durch den Wind auf andere Pflanzen übertragen. Förderlich für die Krankheitsentwicklung sind trocken-warme Tagestemperaturen („Schönwetterpilz") im Wechsel mit Taunächten. Die Sporenbildung und Infektion neuer Pflanzenteile wiederholt sich mehrfach innerhalb der Vegetationsperiode.

Symptome und Schadbild

Befallene Pflanzenteile sind von einem weißen, mehligen Pilzbelag überzogen. Neben Blättern können auch Triebe und Knospen Schadsymptome zeigen. Bei einem stärkeren Befall verfärben sich die Blätter teils rötlich, verkümmern und fallen anschließend ab.

Vorbeugen und bekämpfen

Wahl resistenter Sorten. Rückschnitt infizierter Triebe und der ersten, stark befallenen Blätter. Keine überhöhte Stickstoffdüngung (fördert die Pilzentwicklung). Frühzeitiger und wiederholter Einsatz von Fungiziden.

Ganz nah dran

Bei seitlicher Betrachtung des Mehltaubelages lassen sich mit Hilfe einer Lupe die in Ketten abgegebenen Sporen als sicheres Diagnosemerkmal erkennen.

Falscher Mehltau

Peronospora sparsa
Pilz

Steckbrief

Die Überwinterung des Pilzes erfolgt mittels der im Blatt gebildeten, mikroskopisch kleinen Dauersporen, teils auch in den Trieben und als Myzel an der Pflanze. Im Frühjahr entwickeln sich Sporen, die mit Hilfe von Wasserspritzern und Wind auf benachbarte Pflanzen übertragen werden und dort die Blätter und auch Triebe infizieren. Warm-feuchte Bedingungen und ein enger Stand fördern die Krankheitsentwicklung. Der Zyklus der Sporenbildung und Infektion wiederholt sich mehrfach während der Vegetationszeit.

Symptome und Schadbild

Infizierte Blätter zeigen meist von Blattadern scharf abgegrenzte, rötlich-braune Flecken, während die verbleibende Blattfläche weiter grün bleibt. Infizierte Triebe weisen ebenfalls rötlich-braune Verfärbungen auf. Bei stärkerem Befall findet ein vorzeitiger Laubfall statt. Unter feuchten Bedingungen tritt blattunterseits und an den Trieben ein schwacher, hell gefärbter Sporenbelag auf.

Vorbeugen und bekämpfen

Entfernen befallener Blätter im Herbst, Rückschnitt infizierter Triebe. Weniger anfällige Sorten bevorzugen. Einsatz von Fungiziden.

Ganz nah dran

Der blattunterseits auftretende Sporenrasen zeigt sich bei Lupenbetrachtung als bäumchenartig verzweigte Pilzstruktur mit einzelnen Sporen an den Enden.

Rose

Auf einen Blick

- rotbraune, durch Blattadern begrenzte Blattflecken
- Förderung durch feuchte Bedingungen
- Überwinterung des Pilzes im Falllaub

Rindenbrand

Coniothyrium wernsdorffiae
Pilz

Steckbrief

In den infizierten, weiter an der Pflanze befindlichen Triebabschnitten überwintert der Pilz mit Hilfe seiner kleinen Fruchtkörper (Einzelgröße 0,2 mm). Im Frühjahr gebildete Sporen werden hauptsächlich über Wasserspritzer im Rosenbeet verteilt und infizieren neue Triebe; Blätter werden nicht befallen. Infektionen erfolgen bevorzugt an geschwächten oder bereits vorgeschädigten Trieben (Frostschäden, Schnittwunden, Schädlingsbefall, überhöhte Düngergaben).

Symptome und Schadbild

Schadsymptome entwickeln sich meist ausgehend von Augen oder unterhalb von Schnittstellen. Über eine Länge von später mehreren Zentimetern verfärbt sich die Rinde rötlichbraun. Das Innere wird im Laufe der Zeit deutlich heller, sodass nur ein rötlicher Rand übrig bleibt. Bei einem triebumfassenden Befall stirbt der darüberliegende Bereich ab. Im Herbst finden sich auf den Befallsstellen viele dunkle Fruchtkörper, die sich auf dem hellen Untergrund deutlich abheben. Zum ausgehenden Winter hin sind die Triebe in diesen Bereichen oft schwarz gefärbt.

Vorbeugen und bekämpfen

Rückschnitt infizierter Triebe. Keine überhöhte Stickstoffdüngung. Vorbeugender Einsatz von Fungiziden.

Auf einen Blick

- rotbraune Verfärbungen der Rinde
- Förderung durch eine feuchte Witterung
- Überwinterung der Pilze an der Pflanze

Nicht verwechseln!

Schäden an der Rinde können durch viele Pilze hervorgerufen werden. Eine sichere Diagnose ist nur mikroskopisch über die gebildeten Sporen möglich.

Ringfleckenkrankheit

Sphaceloma rosarum
Pilz

Rose

Steckbrief

Mit Hilfe seiner Fruchtkörper überdauert der Pilz im abgefallenen Laub den Winter. Im Frühjahr gebildete Sporen werden über Wind und Wasserspritzer auf andere Rosen übertragen und infizieren hier die Blätter, seltener auch die Knospen und Triebe. Auf dem erkrankten Gewebe wiederholt gebildete, schwach gelbliche Fruchtkörper (Einzelgröße 0,2 mm) und Sporen sorgen für eine weitere Verbreitung des Pilzes über das Jahr hinweg. Eine feuchte Witterung sowie ein enger Pflanzabstand und windgeschützte Lagen fördern den Befall. Die Anfälligkeit ist sortenabhängig unterschiedlich hoch.

Symptome und Schadbild

Es beginnt mit rötlich-braunen kreisförmigen Flecken, die verteilt auf der Blattoberseite auftreten. Auch Knospen können derartige Symptome zeigen. Später verfärbt sich das Zentrum der Flecken großflächig deutlich hellgrau bis weißlich, zudem sind hier bei einer Lupenbetrachtung kleine Fruchtkörper erkennbar. Infizierte Triebabschnitte weisen braune Verfärbungen auf.

Vorbeugen und bekämpfen

Absammeln des infizierten Falllaubes im Herbst. Engen Pflanzabstand vermeiden. Keine Bewässerung über die Pflanzen hinweg. Weniger empfindliche Sorten verwenden. Einsatz von Fungiziden.

Nicht verwechseln!

Im frühen Befallsstadium ähneln die Symptome der Ringfleckenkrankheit etwas denen einer untypischen Infektion mit Sternrußtau.

Auf einen Blick

- rotbraune Blattflecken mit später weißlichem Zentrum
- eine feuchte Witterung fördert den Befall
- Überwinterung des Pilzes im Falllaub

Rosenblattlaus

Macrosiphum rosae
Blattlaus

Steckbrief

Mehrere Generationen pro Jahr. Als schwarz glänzende Eier, die in größerer Ansammlung an den Trieben, oft in der Nähe der Stacheln, abgelegt wurden, überwintern die Blattläuse. Die zum Frühjahr schlüpfenden Tiere vermehren sich bis zum Herbst durch Lebendgeburt und ohne Männchen. Die Entwicklungszeit beträgt meist nur 1–2 Wochen. Einzeltiere sind 3 mm groß, rot bis grünlich gefärbt und besitzen neben langen Fühlern auffällig lange, schwarze Hinterleibsröhren (Siphonen). Im Jahresverlauf sorgen geflügelte Tiere für eine weitere Ausbreitung auf andere Rosen, auch werden im Sommer zusätzlich verschiedene krautige Pflanzen besiedelt. Die im Herbst entstehenden Geschlechtstiere legen ihre Eier an der Rose ab.

Symptome und Schadbild

Vermehrt an jungen Trieben und Knospen treten in Kolonien die Blattläuse auf, sie können an Rosen ganzjährig vorkommen. Durch den Saftentzug wird die Pflanze nachfolgend geschwächt und es findet eine Ausscheidung von klebrigem Honigtau mit teilweiser Besiedlung durch Rußtaupilze statt.

Vorbeugen und bekämpfen

Förderung von Nützlingen. Abspülen mit einem Wasserstrahl. Einsatz von Insektiziden.

Auf einen Blick

- Blattläuse an Trieben und Knospen
- Überwinterung als Ei an den Trieben
- Bildung von Honigtau und Rußtaupilzen

Nicht verwechseln!

An Rosen treten neben dieser Blattlausart auch andere Arten auf, die eine ähnliche Biologie und Schadwirkung haben.

Rosenblattrollwespe

Blennocampa pusilla
Blattwespe

Steckbrief

1 Generation pro Jahr. Den Winter überstehen die Larven flach im Boden, um sich im Frühjahr zu verpuppen. Etwa ab Mai treten dann die ersten erwachsenen Blattwespen auf. Diese sind nur 4 mm groß, dunkel gefärbt und tragen schwarz geaderte Flügel. Die Eier werden an die Blattränder abgelegt, die sich daraufhin längs nach unten einrollen, wobei die weitere Larvenentwicklung dann innerhalb dieser Blattrolle erfolgt. Bereits zeitig im Sommer verlassen die Larven (Afterraupen) die Blätter und wandern in den Boden ab.

Symptome und Schadbild

Ab Mai treten längs zur Hauptader und eng zur Blattunterseite röhrenartig eingerollte Blätter auf, in deren Innerem sich häufig eine fressende Larve befindet. Der Schabefraß der Larven ist gering, sodass die Blätter meist noch lange grün bleiben. Bei einem stärkeren Befall vergilben die Blätter und fallen vorzeitig ab. Ein ähnliches Schadbild wird durch die Larven des Braunen Heckenwicklers (*Archips rosana*) hervorgerufen, der jedoch unter Gespinstbildung ganze Blätter einrollt.

Vorbeugen und bekämpfen

Entfernen der befallenen Blätter bevor die Larven abwandern. Einsatz von Insektiziden im Frühjahr.

Ganz nah dran

Die Larven in den Blattrollen werden bis zu 1 cm groß, sind zunächst weißlich, später eher grünlich gefärbt und besitzen eine dunkle Kopfkapsel.

Rose

Auf einen Blick

- röhrenartig eingerollte Fiederblätter
- im Inneren findet sich meist eine helle Larve
- Überwinterung als Larve im Boden

Rosenblattwespe

Caliroa aethiops
Blattwespe

Steckbrief

1 Generation pro Jahr. Nach der Überwinterung der Larven im Boden und ihrer Verpuppung im Frühjahr treten die ersten Blattwespen ab Mai an den Rosenbüschen auf, es gibt nur weibliche Tiere. Die Blattwespen sind dunkel gefärbt, etwa 5 mm groß und besitzen dunkel geaderte Flügel. Die aus den blattoberseits abgelegten Eiern schlüpfenden Larven (Afterraupen) bleiben während ihrer weiteren Entwicklung auf den Blättern und fressen dort. Im Spätsommer verlassen sie die Rosen und wandern in den Boden ab.

Symptome und Schadbild

Blätter sind durch einen Schabefraß der Larven auf der Blattoberseite nur einseitig geschädigt, sodass ein „Fensterfraß" die Folge ist. Die geschädigten Stellen verfärben sich alsbald bräunlich, teils reißen die Stellen auch auf (Bildung von Löchern). Die Schadstellen können sowohl vereinzelt und lokal als auch zusammenhängend und dann großflächig auftreten. Blattoberseits sind kleine Larven zu sehen.

Vorbeugen und bekämpfen

Entfernen stärker befallener Blätter. Mechanische Zerstörung der Larven. Einsatz von Insektiziden bevorzugt gegen die jungen Larven.

Auf einen Blick

- blattoberseits auftretender Schabefraß
- Larven leben auf der Blattoberseite
- Überwinterung als Larve im Boden

Ganz nah dran

Die Larven besitzen ein nacktschneckenähnliches Äußeres, werden 1 cm groß und sind grünlich bis schwach gelblich gefärbt.

Rosenblütenstecher

Anthonomus rubi
Käfer

Steckbrief

1 Generation pro Jahr. Die dunklen, 3 mm großen und mit einem deutlichen „Rüssel" ausgestatteten Käfer überwintern in der Bodenstreu. Zum Frühjahr besiedeln sie die Rosenbüsche und knabbern anfangs noch etwas an den geöffneten Blüten. Die Weibchen legen in noch geschlossene Knospen jeweils ein Ei ab und nagen den Stiel darunter an. Die weitere Larvenentwicklung bis zur Verpuppung zum Käfer erfolgt innerhalb der weiterhin geschlossenen Knospe. Die beinlosen Larven sind hell gefärbt, etwa 3 mm groß und liegen gebogen im Inneren der Knospen. Etwa ab Juni treten die frisch geschlüpften Käfer auf, die noch einige Zeit an den Blättern verweilen, dann jedoch rasch in den Boden abwandern.

Symptome und Schadbild

Lochförmige Fraßschäden an geöffneten Blütenblättern. Ungeöffnete Blütenknospen hängen abgeknickt am Stiel oder sind auch als Ganzes abgefallen. Im Inneren der vertrockneten Blüte ist in Abhängigkeit von der Jahreszeit eine Larve, Puppe oder ein die Knospe verlassender Käfer zu sehen.

Vorbeugen und bekämpfen

Entfernen der befallenen Blütenknospen vor dem Schlupf der Käfer im Frühsommer. Einsatz von Insektiziden im Frühjahr gegen die Eier ablegenden Käfer.

Kommt auch vor an

Die Käfer treten mit einem vergleichbaren Schadbild auch am Beerenobst („Erdbeerblütenstecher") oder Fingerkraut (*Potentilla*) auf.

Rose

Auf einen Blick

- eingetrocknete und geschlossene, am Stiel abgeknickte Blütenknospen
- im Inneren der Knospen lebt eine helle Larve
- Überwinterung als Käfer

Rosengallwespe

Diplolepis rosae
Gallwespe

Steckbrief

1 Generation pro Jahr. Nach der Überwinterung in der verholzten Galle an der Pflanze schlüpfen etwa ab Mai die ersten, mit 4 mm nur unscheinbaren Gallwespen. Männliche Tiere existieren kaum, sodass die Vermehrung ungeschlechtlich ist (parthenogenetisch). Die Ablage der Eier erfolgt in die Knospen, die als Folge anschwellen, sich vergrößern und ausweiten. Im Inneren der so entstandenen Gallen entwickeln sich dann die bis zu 50 weißlichen Larven in einzelnen Kammern.

Symptome und Schadbild

An den Trieben sind bis zu 10 cm große Gallen zu finden (Schlafäpfel, Bedeguare), die außen eine deutlich haarig-filzige Struktur aufweisen und meist auffällig gelb-rötlich gefärbt sind. Darüberliegende Triebabschnitte können eintrocknen und absterben. Nach einem Längsschnitt der Galle sind im Inneren viele einzeln mit Larven besetzte Kammern zu sehen. Verlassene Gallen werden braun und verwittern, bleiben aber oft noch längere Zeit an den Trieben sichtbar.

Vorbeugen und bekämpfen

Rückschnitt der Gallen vor der Verpuppung der Gallwespe im Frühjahr.

Auf einen Blick

- haarige, mehrere Zentimeter große Gallen an den Trieben
- viele, einzeln in Kammern lebende Larven im Galleninneren
- Überwinterung in der Galle

Kommt auch vor an

Bekannt ist das Schadbild nur bei Rosen, wobei grundsätzlich fast nur Wildrosen, weniger Zierrosen betroffen sind.

Rosenprachtkäfer

Agrilus cuprescens
Käfer

Steckbrief

1 Generation pro Jahr. Die Larven überwintern innerhalb der Triebe und verpuppen sich dort. Im Frühjahr schlüpft der knapp 7 mm große, metallisch grünblau gefärbte Käfer, der nach einem kurzen Blattfraß seine Eier auf die Triebe ablegt. Die schlüpfenden Larven bohren sich anschließend in die Triebe ein und fressen einen spiraligen, triebaufwärts verlaufenden Gang. Die weitere Larvenentwicklung bis zur Verpuppung erfolgt innerhalb der Triebe als Minierer. Jede Larve bohrt sich dabei ihr eigenes Gangsystem. Die beinlosen, hell gefärbten Larven erreichen eine Länge von 1 cm und besitzen am Körperende zwei zangenartige Spitzen. Sowohl Wild- als auch Zierrosen werden befallen. Der Käfer tritt bevorzugt in wärmebegünstigten Gebieten auf.

Symptome und Schadbild

Von außen sind an der Rinde spiralige Gangverläufe bis zu einer Länge von 10 cm erkennbar, im Inneren der Gänge befindet sich eine helle Larve. Symptome sind reduzierter Austrieb, Abbrechen von Trieben und Vertrocknen von Knospen. Die Fraßschäden der Käfer an den Blättern sind nur gering.

Vorbeugen und bekämpfen

Rückschnitt der mit Larven und Puppen befallenen Triebe vor dem Schlupf der Käfer.

Kommt auch vor an

Die Larven treten mit einem ähnlichen Schadbild auch an Himbeere und Brombeere auf („Himbeerprachtkäfer“).

Rose

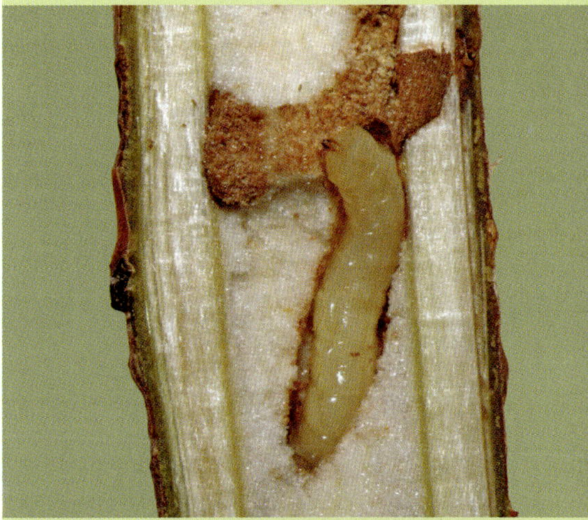

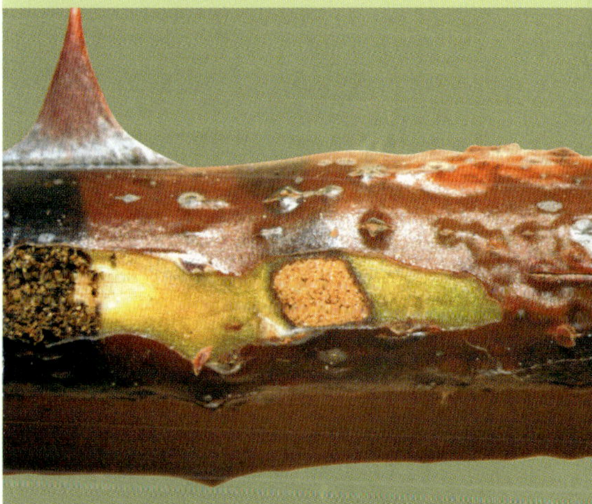

Auf einen Blick

- spiralige Gänge außen an der Rinde erkennbar
- im Triebinneren minierende Larve
- Überwinterung als Larve im Trieb

Rose

Rosenrindenlaus

Maculolachnus submacula
Blattlaus

Steckbrief

Mehrere Generationen pro Jahr. An den bodennahen Trieben erfolgt die Überwinterung als schwarz glänzende, etwa 1 mm große Eier in einem Gelege. Nach dem Schlupf im Frühjahr besiedeln die ungeflügelten Blattläuse die Triebabschnitte am Übergang zur Wurzel. Die Tiere sind 3 mm groß und meist bräunlich gefärbt. Die Kolonien werden oft von Ameisen besucht oder häufig sogar von ihnen mit einem Schutzwall aus Erde überbaut. Im Sommer gebildete, geflügelte Stadien sorgen für eine räumliche Ausweitung auf andere Rosen. Alle Stadien saugen an den Trieben (Rindenläuse), vermehren sich während der Vegetation mittels Lebendgeburt und geben Honigtau ab. Zum Spätsommer hin erfolgt die Ablage der überwinternden Eier.

Symptome und Schadbild

Auf der Rinde im bodennahen Bereich kolonieartig sitzende Blattläuse. Häufiger Ameisenbesuch. Teils großflächige Überbauung der Kolonien mit Erde durch die Ameisen. Wachstumsreduktionen, bis die Pflanzen schließlich absterben.

Vorbeugen und bekämpfen

Entfernung der Eigelege im Winter (Triebrückschnitt, zerdrücken). Abbürsten der erdverbauten Schutzwälle. Einsatz von Insektiziden.

Auf einen Blick

- an den bodennahen Trieben saugende Blattläuse
- Kolonien sind teils von Erdwällen umbaut
- intensiver Ameisenbesuch

Kommt auch vor an

Obgleich grundsätzlich nur an Rose auftretend, gibt es vereinzelt zusätzliche Nachweise für die Besiedlung von *Potentilla*-Arten (Fingerkraut).

Rosenrost

Verschiedene *Phragmidium*-Arten
Pilz

Steckbrief

Mit Hilfe seiner dunklen Wintersporen (Teleutosporen), die blattunterseits gebildet worden sind, überwintert der Pilz im Falllaub. Teilweise kann diese Überwinterung auch als Myzel in den Trieben erfolgen. Im Frühjahr entstehende Sporen sorgen, vom Wind verbreitet, für erste Infektionen. Mäßige bis warme Temperaturen verbunden mit einer mehrstündigen Blattnässe fördern die Krankheitsentwicklung. Die zum Sommer hin gebildeten Sporen (Uredosporen) sorgen für wiederholte Infektionszyklen an den Rosen. Die Anfälligkeit ist sortenabhängig unterschiedlich hoch.

Symptome und Schadbild

Blattoberseits zeigt sich oft eine Vielzahl kleiner, gelblicher Flecken. Auf der Unterseite der Blätter finden sich an entsprechender Stelle orangefarbene Sporenlager, die leicht ausstäuben. Neben Blättern können auch Blattstiele und Knospen vergleichbare Schadsymptome zeigen. Ab dem Spätsommer bilden sich zusätzlich blattunterseits dunkle Sporenansammlungen. Ein stärkerer Befall hat ein Vergilben der Blätter und einen frühzeitigen Laubfall zur Folge.

Vorbeugen und bekämpfen

Wahl weniger empfindlicher Sorten. Absammeln von infiziertem Falllaub. Rückschnitt infizierter Triebe. Einsatz von Fungiziden.

Ganz nah dran

Die Unterscheidung der insgesamt vier an Rose auftretenden *Phragmidium*-Arten ist nur unter dem Mikroskop möglich. Schadsymptome und Bekämpfung sind aber vergleichbar.

Rose

Auf einen Blick

- gelbliche Flecken blattoberseits
- orangefarbene und dunkle Sporenlager blattunterseits
- Überwinterung bevorzugt als Spore im Falllaub

Auf einen Blick

- brüchige Triebe oder schwarze, abgestorbene Triebspitzen
- im Triebinneren frisst eine helle Larve
- Überwinterung als Larve im Boden

Rosentriebbohrer

Verschiedene Arten
Blattwespe

Steckbrief

1 Generation pro Jahr. Nach der Überwinterung als Larve im Boden und der Verpuppung im Frühjahr treten ab April die erwachsenen Blattwespen auf. Je nach Art legen sie ihre Eier in junge Triebspitzen (Abwärtsbohrender Rosentriebbohrer, *Ardis brunniventris*) oder aber an die Basis von Blattstielen ab (Aufwärtsbohrender Rosentriebbohrer, *Blennocampa elongatula*). Die Entwicklung der hell gefärbten, etwa 1 cm großen Larven (Afterraupen) erfolgt als Minierer innerhalb des Rosentriebes. Im Herbst verlassen die Larven die Triebe und wandern in den Boden.

Symptome und Schadbild

Die Symptome sind artabhängig unterschiedlich: Zum einen treten schwarz gefärbte Triebspitzen auf, die welken, eintrocknen, später auch absterben und eine im Inneren abwärts fressende Larve in einem eher kurzen, bis zu 5 cm langen Gang enthalten. Zum anderen ist ein bis zu 10 cm langer Gang im weiterlebenden, aber brüchigen Trieb erkennbar, mit einer aufwärts fressenden Larve im Inneren und einem krümeligen Kotauswurf, der teils auf benachbarten Blättern zu sehen ist.

Vorbeugen und bekämpfen

Rückschnitt der Triebe vor der Abwanderung der Larven im Spätsommer oder Hebst. Einsatz von Insektiziden im Frühjahr.

Ganz nah dran

Die im Frühjahr auftretenden Blattwespen sind dunkel gefärbt, schlank und und werden etwa 8 mm groß. Sie besitzen dunkel geaderte Flügel und gelbe Beine.

Rosenzikade

Typhlocyba rosae
Zikade

Steckbrief

2 Generationen pro Jahr. Rosenzikaden überwintern als Eier, die ab Oktober in die Triebe der Rosen abgelegt wurden. Die flugunfähigen, gelblich gefärbten Larven besiedeln Blätter und Knospen und saugen an ihnen, ähnlich wie auch die sprungfähigen Zikaden. Während die Larven nur auf Rosen auftreten, wechseln die erwachsenen Tiere später auch häufig zu anderen Pflanzen (Obstgehölzen, anderen Rosengewächsen). Etwa ab Mai und dann wieder im August treten erwachsene Zikaden auf. Pflanzen an sonnigen Standorten werden bevorzugt befallen.

Symptome und Schadbild

Anfangs noch begrenzt auf die Bereiche neben der Hauptader, später dann auch flächig, findet sich blattoberseits eine helle, feine Blattsprenkelung. Laubfall tritt nur selten auf. Blattunterseits vorkommende, erwachsene Zikaden springen bei einer Störung rasch weg, Larven laufen schräg über das Blatt auf die andere Seite. Häufig sind weißliche Häutungsreste auf der Blattunterseite erkennbar.

Vorbeugen und bekämpfen

Rückschnitt der Triebe (Entfernung der Eier). Gefährdete Standorte meiden (Südseite von Hauswänden). Einsatz von Insektiziden.

Nicht verwechseln!

Eine helle Sprenkelung der Rosenblätter kann auch durch Spinnmilben hervorgerufen werden.

Auf einen Blick

- feine Blattsprenkelung entlang der Hauptader
- weißliche Häutungsreste auf der Blattunterseite
- Überwinterung als Ei in den Trieben

Rose

Gemeine Spinnmilbe

Tetranychus urticae
Spinnmilbe

Steckbrief

6–9 Generationen pro Jahr. Die nur im Winter rot gefärbten (sonst braungelben), etwa 0,5 mm großen Weibchen überdauern meist zu mehreren in der Bodenstreu, im Falllaub oder teils auch hinter Rindenschuppen. Im zeitigen Frühjahr beginnt die aktive Besiedlung der Pflanzen. Die Vermehrung erfolgt über Eier und 3 nachfolgende Entwicklungsstadien, die bis auf das erste Stadium alle 8 Beine besitzen (Spinnentiere). Die männlichen Tiere sind im Vergleich zu den Weibchen schlanker und kleiner. Alle Stadien saugen an der Pflanze und produzieren feine Gespinste. Eine trocken-warme Witterung fördert die Entwicklung der Tiere deutlich.

Symptome und Schadbild

Die Blätter besitzen, meist beginnend von der Hauptader aus, eine weißlich-gelbe Sprenkelung, die sich rasch ausdehnt. Blattunterseits finden sich die Tiere und ihre Entwicklungsstadien. Bei einem stärkeren Befall werden die Blätter einzeln oder zusammen eingesponnen. Blätter vertrocknen und fallen vorzeitig ab.

Vorbeugen und bekämpfen

Entfernen von Pflanzenresten und Falllaub. Abpflücken stärker befallener Blätter. Gefährdete Standorte (Südseite von Hauswänden) meiden. Besprühen der Pflanzen mit Wasser zur Feuchtigkeitsanhebung. Einsatz von Akariziden.

Auf einen Blick

- **helle Blattsprenkelungen und Gespinste**
- **Spinnmilben sitzen blattunterseits**
- **Überwinterung der Tiere in der Bodenstreu**

Kommt auch vor an

Die an Rose auftretende Gemeine Spinnmilbe ist auch als „Bohnenspinnmilbe“ bekannt und kann an einer Vielzahl von Gemüse- und Zierpflanzen auftreten.

Sternrußtau

Diplocarpon rosae
Pilz

Rose

Steckbrief

Als Myzel innerhalb der Knospen und besonders als Fruchtkörper (Einzelgröße 0,1 mm) im infizierten Falllaub erfolgt die Überwinterung des Pilzes. Im Frühjahr gebildete Sporen werden mit Wind und Wasserspritzern auf Blätter und Triebe übertragen. Sie infizieren die Rosen bevorzugt unter feuchten Bedingungen bei eher mäßigen Temperaturen. Die auf den Blättern und Trieben neu gebildeten Sporen sorgen für weitere Infektionen.

Symptome und Schadbild

Früh infizierte Blätter sind grün gefärbt, besitzen jedoch im typischen Fall deutlich sternförmige, sonst glattrandige, schwarz gefärbte und mehrere Zentimeter große Blattflecken. Betroffen sind insbesondere die Blätter unterer Blattetagen. Die Blätter vergilben frühzeitig und fallen dann auch ab. Neben den Blattflecken können auch Triebverfärbungen auftreten. Ein stärkerer Befall hat eine verminderte Frosthärte der Pflanze zur Folge.

Vorbeugen und bekämpfen

Wahl weniger anfälliger Sorten. Laubentfernung zum Herbst und Rückschnitt infizierter Triebe. Keine Bewässerung über die Pflanze hinweg. Kein zu enger Pflanzabstand. Frühzeitiger und wiederholter Einsatz von Fungiziden.

Nicht verwechseln!

Unterbleibt das sternförmige Muster auf den Blättern, ähnelt das Schadbild etwas dem der Ringfleckenkrankheit.

Auf einen Blick

- schwarze, sternförmige Blattflecken
- früher Laubfall bei stärkerem Befall
- Überwinterung im Falllaub und in den Trieben

Schneeball

Auf einen Blick

- verteilt auf dem Blatt auftretende, braun gefärbte Flecken
- häufiger am Gewöhnlichen Schneeball vorkommend
- Überwinterung der Pilze im Falllaub

Phyllosticta-Blattfleckenpilz

Phyllosticta opuli
Pilz

Steckbrief

Die Überdauerung des Pilzes erfolgt mittels kleiner Fruchtkörper, die im Blatt gebildet werden. Im Frühjahr treten aus diesen Fruchtkörpern Sporen aus, die mit Wind und Wasserspritzern im näheren Umfeld verteilt werden und zu neuen Infektionen führen. Eine schattig-kühle Lage und ein dichter Stand fördern das Auftreten des Pilzes.

Symptome und Schadbild

An den Blättern, ausgeprägter meist an den unteren Blattetagen, zeigen sich verteilt auftretende Blattflecken. Die Flecken besitzen ein helles, später auch herausbrechendes Zentrum mit einem deutlich purpurnen Rand. Bei stärkerer Lupenvergrößerung sind innerhalb der Flecken 0,1 mm große Fruchtkörper erkennbar. Schadsymptome treten insbesondere am Gewöhnlichen Schneeball (*Viburnum opulus*) auf.

Vorbeugen und bekämpfen

Absammeln des infizierten Laubes im Herbst. Einsatz von Fungiziden im Frühjahr ab Befallsbeginn. Schattige Lagen zugunsten von halbschattigen Lagen meiden.

Nicht verwechseln!

An Schneeball können verschiedene Pilzarten auftreten, die eine unterschiedliche Symptomatik, jedoch eine vergleichbare Biologie aufweisen.

Schneeballblattkäfer

Pyrrhalta viburni
Käfer

Steckbrief

1 Generation pro Jahr. In den bevorzugt an der Triebspitze perlschnurartig abgelegten Eiern erfolgt die Überwinterung. Die im Frühjahr schlüpfenden Larven fressen während ihrer weiteren Entwicklungszeit an den Blättern und wandern im Juni zur Verpuppung in den Boden. Ab Juli treten dann die braun gefärbten, etwa 0,5 cm großen Käfer auf. Zur Eiablage fressen die Weibchen kleine Vertiefungen in die Triebspitzen, die sie jeweils mit einem Ei bestücken und wieder bedecken. Bevorzugt befallen wird der Gewöhnliche Schneeball (*Viburnum opulus*).

Symptome und Schadbild

Es treten Fraßschäden an den Blättern durch blattunterseits sitzende Larven im Frühjahr oder auch durch die Käfer im Sommer auf. Die Blätter werden zum Jahresbeginn nur von der Blattunterseite abgeschabt. Später zeigt sich jedoch ein Lochfraß, der teils die ganze Blattspreite betrifft. Im Winter lassen sich an den Triebspitzen die Eigelege mit bloßem Auge nachweisen.

Vorbeugen und bekämpfen

Rückschnitt der mit Eiern bestückten Triebspitzen. Entfernen einzelner stark befallener Blätter mit Larven. Einsatz von Insektiziden gegen die Laven oder Käfer.

Ganz nah dran

Die Larven erreichen eine Länge von 1 cm, sind anfangs noch gelblich gefärbt, werden jedoch zunehmend von dunklen Warzen bedeckt.

Schneeball

Auf einen Blick

- Fraßschäden durch Larven und Käfer
- insbesondere am Gewöhnlichen Schneeball vorkommend
- Überwinterung als Ei an den Trieben

Spindelstrauch

Blattrandgallmilbe

Eriophyes convolvens
Gallmilbe

Steckbrief

Mehrere Generationen pro Jahr. Hinter Rindenritzen oder unter Knospenschuppen überwintern die walzenförmigen, hell gefärbten Gallmilben unbemerkt. Im Gegensatz zu anderen Milbenarten besitzen Gallmilben statt 8 Beinen nur 4 Beine. Bereits im zeitigen Frühjahr verlassen sie ihr Winterquartier, besiedeln den jungen Austrieb und saugen an den Blättern. In den daraufhin entstehenden Gallen leben und vermehren sie sich, um aber bereits im August die Blätter wieder zu verlassen und ihre neuen Winterlager aufzusuchen.

Symptome und Schadbild

Die Blattränder rollen sich eng nach oben ein, wobei die Gallmilben innerhalb dieser Gallen leben. Stärker befallene Blätter zeigen deutliche Deformationen. Die Blätter bleiben weiter grün gefärbt, sodass das Schadbild aus der Distanz betrachtet weniger auffällt. Häufig sind einzelne Astpartien stärker befallen als andere. Wachstumsbeeinträchtigungen treten an den Pflanzen weniger auf.

Vorbeugen und bekämpfen

Rückschnitt stärker befallener Blätter vor der Abwanderung der Tiere im Sommer.

Auf einen Blick

- eng nach oben eingerollte Blattränder
- frühe Abwanderung bereits im Sommer
- Überwinterung an der Pflanze in Knospenschuppen

Ganz nah dran

Mit einer Größe von nur 0,2 mm sind die Gallmilben mit bloßem Auge praktisch nicht zu erkennen.

Filzgallmilbe

Eriophyes psilonotus
Gallmilbe

Steckbrief

Mehrere Generationen pro Jahr. Den Winter verbringen die mit bloßem Auge nicht erfassbaren Gallmilben (Einzelgröße 0,2 mm) hinter Knospenschuppen oder Rindenritzen an der Pflanze. Bereits im zeitigen Frühjahr verlassen sie ihr Winterquartier, besiedeln den jungen Austrieb und saugen an den Blättern auf der Unterseite. In dem aufgrund einer Pflanzenreaktion entstehenden, filzigen Belag verstecken und vermehren sich die farblosen, länglichen Tiere. Bereits im Sommer verlassen sie die Blätter und suchen ihre Winterlager auf.

Symptome und Schadbild

Blattunterseits zeigt sich ein teils großflächiger, filziger, heller bis silbrig-weißer Belag, der bei näherer Betrachtung aus einer Vielzahl dünner, dicht zusammen stehender Haare besteht. In diesem Filz sind bei stärkerer Vergrößerung die walzenförmigen, vierbeinigen Gallmilben zu sehen. Teils treten Blattdeformationen auf, auch rollen sich Blätter bei einem stärkeren Befall nach oben ein. Blattoberseits sind keine deutlichen Schadsymptome zu beobachten.

Vorbeugen und bekämpfen

Absammeln befallener Blätter vor der Abwanderung der Tiere im Sommer. Einsatz von Pflanzenschutzmitteln während des Laubaustriebs im Frühjahr.

Nicht verwechseln!

Bei einer nur flüchtigen Betrachtung ähnelt die filzige Struktur dem weißen, mehligen Belag vom Echtem Mehltau.

Spindelstrauch

Auf einen Blick

- Überwinterung der Tiere an der Pflanze
- filzige Strukturen auf der Blattunterseite
- keine Schädlinge mit bloßem Auge erkennbar

Spindelstrauch

Gespinstmotten

Verschiedene *Yponomeuta*-Arten
Schmetterling

Steckbrief

1 Generation pro Jahr. Unter einer schützenden Sekretschicht überwintern die frisch aus dem Ei geschlüpften jungen Larven. Bereits im zeitigen Frühjahr beginnen die Larven mit ihren Fraßschäden und bilden bald Gespinste, in denen sie sich aufhalten. Die Larven werden 2 cm lang, sind hell gefärbt und besitzen eine dunkle Punktreihe. Die Verpuppung erfolgt etwa ab Juni an der Pflanze in einem hellen Kokon, sodass im Juli die Falter auftreten. Diese legen alsbald ihre bis zu 80 Eier als Gelege an die Triebe.

Symptome und Schadbild

Im zeitigen Frühjahr treten erste (Minier-)Fraßschäden an den Knospen und Blättern, meist verteilt auf den Pflanzen, auf. Ab April ist eine deutliche Gespinstbildung zu beobachten, die sich teils auf den ganzen Busch ausdehnen und auch angrenzende Flächen einnehmen kann, Raupen und Kotreste sind ebenfalls zu finden. Kahlfraß tritt zwar auf, die Pflanzen treiben jedoch im gleichen Jahr wieder vollständig aus. Puppenkokon und Falter finden sich ab Juni an den Pflanzen.

Vorbeugen und bekämpfen

Rückschnitt der ersten Befallsnester mit den jungen Raupen. Entfernen der Puppenkokons im Sommer. Einsatz von Insektiziden.

Auf einen Blick

- **im Frühjahr Raupen in auffälligen Gespinsten**
- **Fraßschäden der Raupen bis zum Kahlfraß**
- **Verpuppung zum Falter an der Pflanze**

Ganz nah dran

Die flugträgen Falter besitzen weiße Vorderflügel mit schwarzen Punkten und erreichen eine Spannweite von 2 cm.

Spindelstrauch

Echter Mehltau

Verschiedene Arten
Pilz

Steckbrief

Artabhängig als Pilzgeflecht in den Knospen oder häufig in blattunterseits entwickelten Fruchtkörpern (Einzelgröße 0,1 mm) im Falllaub überwintert der Pilz. Mit Hilfe der im Frühjahr neu gebildeten Sporen, übertragen vom Wind, erfolgt die Ausbreitung auf andere Pflanzen. Nach der Infektion und anschließenden Pilzentwicklung findet zyklusartig die erneute Produktion und Abgabe von Sporen statt. Zum Herbst hin werden meist kleine, kugelige, dunkel gefärbte Fruchtkörper (Kleistothecien) gebildet. Eine trocken-warme Witterung am Tag („Schönwetterpilz"), kombiniert mit Taunächten fördert die Pilzentwicklung.

Symptome und Schadbild

Je nach auftretender Pilzart als auch *Euonymus*-Art treten ausschließlich blattoberseits oder ausschließlich blattunterseits oder auch beidseitig mehlig-weiße Blattflecken auf, die auch die gesamte Blattspreite bedecken können. Ein starker Befall hat einen verfrühten Laubfall zur Folge. Innerhalb des Pilzbelages finden sich im Herbst dunkle Fruchtkörper, teils in hoher Zahl.

Vorbeugen und bekämpfen

Absammeln des Herbstlaubes. Rückschnitt infizierter Triebspitzen oder erster befallener Blätter im Frühjahr. Einsatz von Fungiziden.

Nicht verwechseln!

Tritt der Mehltaubelag nur auf der Blattunterseite auf, ähnelt das Schadbild dem der Filzgallmilbe.

Auf einen Blick

- mehlig-weißer Belag an den Blättern
- bei starkem Befall früher Laubfall
- Förderung durch trocken-warme Witterung

Spindelstrauch

Spindelstrauch-Deckelschildlaus

Unaspis euonymi
Schildlaus

Steckbrief

2 Generationen pro Jahr. Nach der Überwinterung des Weibchens an der Pflanze legt dieses im Frühjahr bis zu 50 Eier unter ihr braun gefärbtes Schild ab. Die schlüpfenden, gelblich gefärbten Larven breiten sich auf der Pflanze anschließend aus. Die späteren Männchen besitzen nahezu weiße, schmale, 1–2 mm große Schilder, während die ovalen Schilder der Weibchen braun gefärbt und mit 2–3 mm etwas größer sind. Alle Stadien saugen an der Pflanze. Besiedelt werden Blätter und Triebe, wobei diese teilweise flächig von den Schildern bedeckt sind.

Symptome und Schadbild

Es kommen überwiegend weißliche, strichartige Schilder sowie ovale, braune Schilder in teils sehr hoher Zahl an Ästen, Trieben und Blättern vor (oft bevorzugt blattunterseits). Besaugte Blätter zeigen gelbe, feine Blattflecken. Ein starker Befall führt zum Absterben der Pflanzen. Keine Honigtaubildung.

Vorbeugen und bekämpfen

Mechanische Entfernung der Schilder (Bürste). Förderung von Nützlingen. Frühzeitiger Einsatz von Insektiziden bevorzugt gegen die Larven vor der Schildbildung.

Auf einen Blick

- Überwinterung der Tiere an der Pflanze
- weißliche und braune Schilder an Blättern und Trieben
- keine Honigtaubildung

Kommt auch vor an

Während die Schildlaus bei uns bisher nur an *Euonymus*-Arten auftritt, sind aus dem Ausland auch weitere Wirtspflanzen bekannt (u. a. Buchs, Stechpalme, Efeu, Liguster).

Ilexminierfliege

Phytomyza ilicis
Minierfliege

Steckbrief

1 Generation pro Jahr. Als Larve geschützt innerhalb einer Blattmine überwintern die Tiere an der Pflanze. Aus der braun gefärbten, noch innerhalb der Mine gebildeten Puppe schlüpfen ab Mai die 3 mm großen, dunkel gefärbten stubenfliegenähnlichen Minierfliegen. Diese stechen das Blattgewebe zur Nahrungsaufnahme an (Saftaustritt) und legen alsbald ihre Eier auf die Blattunterseite entlang der Hauptader ab. Die ausschlüpfende Larve bohrt sich in das Blatt ein, lebt als Minierer und bleibt dort bis zu Verpuppung im nächsten Frühjahr.

Symptome und Schadbild

Feiner, dünner Miniergang im Blatt (oft entlang der Hauptader) im Sommer, der sich bis zum Herbst hin deutlich zur blasig aufgetriebenen Platzmine erweitert, darin befindet sich die helle Larve mit Kotkrümeln oder eine braune Puppe. Auf dem Blatt verteilt auftretende feine, helle Einstichstellen.

Vorbeugen und bekämpfen

Absammeln der befallenen Blätter vor der Verpuppung im Frühjahr. Einsatz von Insektiziden im Frühjahr.

Ganz nah dran

Die nach dem Öffnen der Platzmine freigelegte Larve ist hell gefärbt, fußlos (Made) und etwa 3 mm groß.

Stechpalme

Auf einen Blick

- deutliche Platzminen auf der Blattoberseite
- Überwinterung als Larve in der Mine
- helle Einstichstellen auf dem Blatt

Auf einen Blick

- kurze, weißliche Sporenlager auf der Nadelunterseite
- Verbräunung der Nadel mit späterem Nadelfall
- Wirtswechsel mit Weidenröschen

Tannennadelrost

Pucciniastrum epilobii
Pilz

Steckbrief

Ursache für diese Erkrankung ist ein wirtswechselnder Rostpilz, der für seinen vollständigen Entwicklungszyklus neben der Tanne auch Weidenröschen (*Epilobium*-Arten) benötigt. Am Weidenröschen entwickeln sich im Herbst Sporen (Teleutosporen), die den Winter überdauern. Im Frühjahr werden neue Sporen gebildet, die vom Wind auf Tannennadeln übertragen werden und sie infizieren. Die weitere Pilzentwicklung erfolgt innerhalb der Nadeln. Im Frühsommer an den Nadeln gebildete Sporen werden vom Wind auf Weidenröschen übertragen, auf denen die weitere Entwicklung und Ausbreitung stattfindet. Neben Weidenröschen sind alternativ auch Fuchsien als Wirtspflanze geeignet.

Symptome und Schadbild

Im Laufe des Frühjahrs bildet sich auf der Nadelunterseite, teils in 2 Reihen, eine Vielzahl dicht stehender, weißlicher, etwa 1 mm hoher, röhrenartiger Hüllen, die gelb gefärbte Sporen freisetzen. Die geschädigten Nadeln vergilben, färben sich braun und fallen später auch ab.

Vorbeugen und bekämpfen

Entfernung infizierter Weidenröschen im weiteren Umfeld. Einsatz von Fungiziden.

Nicht verwechseln!

An der Tanne tritt ein weiterer Rostpilz mit einem identischen Schadbild auf, der aber einen Wirtswechsel mit Preiselbeeren vollzieht.

Tannentrieblaus

Adelges nordmannianae
Blattlaus

Steckbrief

Mehrere Generationen pro Jahr. An den Trieben der Tanne überwintert die Larve, wobei die Nordmanns-Tanne bevorzugt befallen wird. Die erwachsenen Läuse legen im Frühjahr ihre Eier an die frisch austreibenden Nadeln („Maitrieb“), an denen dann über mehrere Generationen hinweg die sich entwickelnden Blattläuse saugen. Die Tiere sind dunkel gefärbt, nur 1–3 mm groß und tragen einen hellen Wachsrand. Tannen an warmen und trockenen Standorten sind besonders gefährdet. Im Sommer treten teils geflügelte Stadien auf, die – sofern vorhanden – auf die Kaukasus-Fichte (*Picea orientalis*) überwechseln, dort Gallen an den Trieben hervorrufen und zum Herbst wieder zur Tanne zurückfliegen.

Symptome und Schadbild

Die Nadeln des Maiaustriebes sind deutlich nach innen gekrümmt. An der Nadelbasis sitzen dunkle, hell umrandete Blattläuse und die Nadeln vergilben. Triebschäden werden durch die über den Winter dort saugenden Tiere hervorgerufen.

Vorbeugen und bekämpfen

Pflanzung weniger anfälliger Tannenarten. Rückschnitt stark befallener Triebe. Einsatz von Insektiziden, bevorzugt im Herbst gegen die überwinternden Larven.

Nicht verwechseln!

Nicht nach innen, sondern nach außen sich krümmende Nadeln werden durch die verwandte Weißtannentrieblaus hervorgerufen.

Tanne

Auf einen Blick

- Überwinterung als Larve an den Trieben
- stark nach innen gebogene Nadeln des Maiaustriebes
- möglicher Wirtswechsel zur Kaukasus-Fichte

Wacholder

Birnengitterrost

Gymnosporangium sabinae
Pilz

Steckbrief

Die langjährige Überdauerung und somit auch die Überwinterung des Pilzes erfolgt innerhalb der infizierten Wacholdertriebe. Im Frühjahr hier in Sporenlagern gebildete Sporen werden mit Hilfe des Windes auf Birnenblätter übertragen, die daraufhin infiziert werden. Die weitere Pilzentwicklung erfolgt über die Bildung zweier weiterer Sporenformen ausschließlich an der Birne. Zum Herbst werden die blattunterseits gebildeten Sporen mit dem Wind wieder auf neue Wacholderpflanzen übertragen, dem sich eine Infektion der Nadeln anschließt. Nachfolgend wächst der Pilz in die Triebe ein.

Symptome und Schadbild

An den Wacholdertrieben bilden sich im Frühjahr über einen nur kurzen Zeitraum braune, gallertartige Sporenlager, die zapfenförmig um ein kurzes Triebstück angeordnet sind. Befallene Triebe sind sonst an ihrer spindelförmigen Verdickung zu erkennen. Mehrjährig erkrankte Wacholdertriebe können braun werden und absterben. Birnenblätter weisen orangefarbene Flecken blattoberseits und dunkle Warzen blattunterseits auf.

Vorbeugen und bekämpfen

Birne und anfällige Wacholderarten räumlich trennen. Resistente Wacholderarten bevorzugen. Rückschnitt infizierter Triebe. Einsatz von Fungiziden an der Birne.

Auf einen Blick

- gallertartige, bräunliche Sporenlager an den Trieben des Wacholders
- der Pilz vollzieht einen Wirtswechsel zur Birne
- Wacholder bleiben langjährig infiziert

Ganz nah dran

Der Name Birnengitterrost leitet sich von den an der Birne blattunterseits auftretenden, längs gerissenen, gitterförmigen Fruchtkörpern ab.

Wacholderprachtkäfer

Palmar festiva
Käfer

Steckbrief

Ein- bis zweijährige Entwicklungszeit. Als Larven überwintern die Käfer innerhalb der Triebe und Äste. Anfangs leben die Larven noch unter der Rinde, später dringen sie ins Holz vor und bilden dort im Frühjahr eine Puppenwiege, aus der die Käfer dann im Mai schlüpfen. Nach der Ablage der Eier auf die Triebe bohren sich die beinlosen Larven in die Triebe ein, in denen dann auch die weitere Entwicklung stattfindet (Minierer). Die Larven sind hell gefärbt, werden bis zu 2 cm groß und besitzen einen deutlich vergrößerten Brustabschnitt. Die Käfer sind metallisch-grün gefärbt, erreichen eine Länge von 1 cm und tragen eine Reihe blauschwarzer Flecken. Geschwächte Pflanzen werden bevorzugt befallen.

Symptome und Schadbild

Unspezifische Absterbeerscheinungen an Ästen oder ganzen Pflanzen. Nadelverfärbungen und Harzfluss. Quer-ovale Ausbohrlöcher der Käfer in den befallenen Trieben. Geschädigte Triebe mit Miniergängen und hellen Larven darin. Grün gefärbte, dunkel gefleckte Käfer im Frühjahr. Heller oder auch dunkler Bohrmehlauswurf.

Vorbeugen und bekämpfen

Rückschnitt befallener Äste vor dem Ausschlupf der Käfer. Die Käfer sind teils als geschützte Arten eingestuft. Optimierung der Wasser- und Nährstoffversorgung.

Kommt auch vor an

Neben Wacholderarten können auch Lebensbäume (*Thuja*) oder Scheinzypressen befallen werden.

Wacholder

Auf einen Blick

- Absterben von Ästen, Zweigen oder ganzen Pflanzen
- helle, bis 2 cm große Larve miniert in den Trieben
- quer-ovale Ausbohrlöcher

Weide

Auf einen Blick

- mehrjährige Larvenentwicklungszeit
- Blattrandfraß durch die Käfer
- Vorkommen meist in der Nähe von Ameisenhaufen

Ameisenblattkäfer

Verschiedene *Clytra*-Arten
Käfer

Steckbrief

Zwei- bis vierjährige Entwicklungszeit. Die gesamte Larvenentwicklung und somit auch die Überwinterung erfolgt innerhalb von einem Ameisennest. Zum Frühjahr schlüpfen die Käfer, verlassen die Nester und fressen dann ganzjährig an den Blättern (Blattrandfraß). Die Käfer sind von schlanker Gestalt, etwa 1 cm groß, auffällig rot gefärbt und tragen artabhängig große, dunkle Flecken auf den Flügeldecken, die auch teils als Band erscheinen. Die von den Weibchen produzierten Eier werden mit einer Kothülle umgeben und in der Nähe von einem Ameisennest abgeworfen. Von den Ameisen wird dieses „Paket" in ihr Nest eingetragen, in dem die weitere Entwicklung der Larven erfolgt.

Symptome und Schadbild

Ab dem Frühjahr kommen auf Blättern, die am Rand angefressen sind, rot-schwarz gefärbte Käfer vor. Betroffene Pflanzen stehen häufig im weiteren Umfeld von Ameisenhaufen.

Vorbeugen und bekämpfen

Absammeln der Käfer. Einsatz von Insektiziden im Frühjahr, sofern erforderlich.

Kommt auch vor an

Neben Weide können von einzelnen *Clytra*-Arten auch andere Gehölze als Wirtspflanze genutzt werden (Birke, Weißdorn, Esche, Steinobst).

Marssonina-Blattfleckenkrankheit

Marssonina salicicola
Pilz

Weide

Steckbrief

Insbesondere an den im Vorjahr infizierten Trieben, aber auch im Falllaub überdauert der Pilz den Winter. Zum Frühjahr gebildete Sporen werden durch Wasserspritzer und Wind auf andere Blätter und Pflanzen übertragen. Eine feuchte Frühjahrswitterung fördert den Befall. Die weitere Pilzentwicklung erfolgt an den infizierten Blättern und Trieben, an denen in flachen Fruchtkörpern gebildete Sporen zyklusartig für eine weitere Ausbreitung sorgen. Betroffen sind insbesondere schmalblättrige Weidenarten.

Symptome und Schadbild

Insbesondere an den ein- bis zweijährigen Trieben zeigen sich ovale, bis zu 3 cm große, braun-schwarze Verfärbungen mit einem schorfigen Charakter. Auf den Blättern bildet sich meist eine Vielzahl 0,5 – 3 mm großer, dunkler Flecken. Stärker befallene Blätter trocknen ein und fallen vorzeitig ab, Triebe können ebenfalls ganz absterben. Bei einem stärkeren Befall der Triebspitze kommt es zum Symptom der „Spitzendürre".

Vorbeugen und bekämpfen

Rückschnitt infizierter Triebe und Entfernen stärker befallener Blätter sowie des Falllaubes. Bevorzugt vorbeugender Einsatz von Fungiziden im Frühjahr.

Nicht verwechseln!

Neben dieser Pilzart treten an Weide weitere Arten auf, die ebenfalls Triebe und Blätter bei einer ähnlichen Symptomatik und Bekämpfung infizieren.

Auf einen Blick

- Überdauerung bevorzugt in infizierten Trieben
- Triebverfärbungen und Blattfleckenbildung
- Förderung durch feuchte Frühjahrswitterung

Weide

Teerfleckenkrankheit

Rhytisma salicinum
Pilz

Steckbrief

Der Pilz überwintert innerhalb der namensgebenden Flecken in Form eines dichten Pilzgeflechtes (Stroma). Die hier im Frühjahr in besonderen Fruchtkörpern (Apothecien) gebildeten Sporen werden mit dem Wind auf junge Weidenblätter übertragen und infizieren diese. Die weitere Entwicklung des Pilzes erfolgt innerhalb der entstehenden Flecken, eine zyklusartige Verbreitung, wie sonst bei Blattfleckenpilzen üblich, findet hier offenbar nicht statt. Grundsätzlich kann jede Weidenart befallen werden, Sal-Weide (*Salix caprea*) wird aber offenbar bevorzugt.

Symptome und Schadbild

Nach einer anfänglich nur schwachen lokalen Verfärbung blattoberseits werden die befallenen Stellen rasch schwarz mit einem gelben Rand (1–2 cm Durchmesser). Die Flecken sind deutlich nach oben gewölbt. Auf einem Blatt können sich mehrere solcher Flecken befinden, die teils auch größere Areale einnehmen.

Vorbeugen und bekämpfen

Absammeln des infiziertes Herbstlaubes. Einsatz von Fungiziden im Frühjahr.

Auf einen Blick

- schwarze, teerartige Blattflecken
- bevorzugt an Sal-Weide auftretend
- Überdauerung im Falllaub

Nicht verwechseln!

Mit nahezu identischen Symptomen tritt an Ahorn eine andere, dort spezifische Pilzart auf.

Weidenblattkäfer

Lochmaea capreae
Käfer

Steckbrief

1 Generation pro Jahr. Die Überwinterung erfolgt im Boden als Käfer, welcher ab Mai an den Pflanzen auftritt. Der Käfer erreicht eine Länge von 6 mm und besitzt einen dunklen Kopf, wobei Halsschild und Flügeldecken hellbraun gefärbt sind. Nach einem kurzen Fraß an den Blättern kommt es zur Paarung und anschließenden Eiablage in den Boden als kleines Gelege. Die im Sommer schlüpfenden Larven besiedeln daraufhin die Pflanzen und fressen ebenso wie die ab August schlüpfenden Käfer an den Blättern. Die Larven werden 6 mm groß, tragen einen dunklen Kopf bei einem sonst grünlich gefärbten Körper, der mit dunklen Warzen versehen ist. Die spätere Verpuppung zum Käfer findet dann im Boden statt. Pflanzen an trocken-sonnigen Standorten werden bevorzugt befallen.

Symptome und Schadbild

Im Frühjahr und Herbst Fraßschäden durch die braun gefärbten Käfer an den Blättern (Lochfraß) und Knospen. Im Sommer Fraß der Larven, oft zu mehreren auf der Blattunterseite, anfangs noch als Schabefraß, später bis zum Skelettierfraß.

Vorbeugen und bekämpfen

Absammeln der mit Larven besetzten Blätter. Einsatz von Insektiziden bevorzugt gegen die Larven im Sommer.

Kommt auch vor an

Neben Weide können auch Pappeln, Birken, Erlen und Hainbuchen befallen werden.

Auf einen Blick

- Überwinterung der Käfer im Boden
- Larvenfraß auf der Blattunterseite
- hellbraun gefärbte Käfer

Weide

Weidengallenblattwespe

Pontania proxima
Blattwespe

Steckbrief

2 Generationen pro Jahr. In den am Boden liegenden Blattgallen, teils auch in einem Kokon im Boden, überwintert die Larve. Ab Mai schlüpfen die ersten dunkel gefärbten, 3 mm großen und unscheinbaren Blattwespen, die ihre Eier nach einem Anstich des Gewebes in die Blätter ablegen. In den sich bildenden Blattgallen entwickelt sich jeweils eine gelblich gefärbte, bis zu 1 cm große Larve bis zu ihrer Verpuppung. Im Juli schlüpft die Blattwespe der zweiten Generation, die einen vergleichbaren Zyklus durchläuft. Bevorzugt werden schmalblättrige Weidenarten befallen.

Symptome und Schadbild

Auf den Blättern bilden sich bohnenförmige, später deutlich rot gefärbte Gallen, die auf beiden Seiten deutlich hervortreten. Die sonstige Blattfläche bleibt weiter grün gefärbt. Die Gallen sind hart und dickwandig, wobei auf einem Blatt auch mehrere Gallen auftreten können. Im Inneren der Galle findet sich eine hell gefärbte Larve. Die Gallen besitzen teils eine rundliche, deutlich erkennbare Öffnung zur Kotabgabe der Larve.

Vorbeugen und bekämpfen

Absammeln der befallenen Blätter vor dem Schlupf der Blattwespen.

Auf einen Blick

- bevorzugt an schmalblättrigen Weiden auftretend
- bohnenförmige Gallen an den Blättern
- helle Larve innerhalb der Gallen

Kommt auch vor an

Die beschriebene Art tritt ausschließlich an Weide (*Salix*) auf, hier jedoch bevorzugt an *S. alba* und *S. fragilis*.

Weidengallmilbe

Aceria tetanothrix
Gallmilbe

Weide

Steckbrief

Mehrere Generationen pro Jahr. Als erwachsene, nur etwa 0,2 mm große Gallmilben überwintern die Tiere geschützt hinter Knospenschuppen. Zum Frühjahr verlassen die nur vierbeinigen, walzenförmigen Tiere ihr Winterquartier, besiedeln den jungen Austrieb und saugen an den Blättern. In den als Folge der Saugtätigkeit entstehenden Gallen leben und vermehren sich die Tiere. Bereits ab dem Sommer verlassen sie ihre Gallen und suchen wieder ihre Winterquartiere auf.

Symptome und Schadbild

Blattoberseits zeigt sich eine Vielzahl etwa 3 mm großer, behaarter Blattgallen, welche teils recht auffällig in Rot- und Gelbtönen gefärbt sind. Bei einem stärkeren Befall können die Blätter deutlich verunstaltet sein. Im Inneren sind die Gallen hohl (anschneiden) und bei stärkerer Vergrößerung sind die kleinen Gallmilben in hoher Zahl anzutreffen (Lupe).

Vorbeugen und bekämpfen

Absammeln der mit Gallen besetzten Blätter vor der Abwanderung im Sommer. Einsatz von Pflanzenschutzmitteln während des Laubaustriebs der Pflanzen.

Nicht verwechseln!

Andere Gallmilbenarten an Weiden rufen beispielsweise die „Wirrzöpfe“ hervor, bei denen die grünen Blätter stark verkleinert und dicht gedrängt an den Trieben sitzen.

Auf einen Blick

- Überwinterung der Tiere an der Pflanze
- Blätter mit kleinen, behaarten Gallen
- Verursacher sind mit bloßem Auge nicht zu sehen

Weide

Auf einen Blick

- tritt nur an Weide auf
- Äste zeigen ein löchriges, zerfetztes Aussehen
- erhöhte Bruchgefahr

Weidenholzgallmücke

Dasineura saliciperda
Gallmücke

Steckbrief

1 Generation pro Jahr. Die Überwinterung erfolgt als Larve innerhalb der befallenen Triebe und Äste. Etwa im Mai schlüpfen die erwachsenen, unscheinbaren und nur wenige Millimeter großen Gallmücken, die ihre Eier in dichter Reihe auf die Äste der Weide ablegen. Die Larven bohren sich anschließend senkrecht in den Holzbereich ein, in dem die weitere Larvenentwicklung bis zur Verpuppung im Frühjahr stattfindet. Die flugträgen Weibchen legen im nächsten Jahr ihre Eier meist unmittelbar in die Nähe der alten Befallsstellen ab.

Symptome und Schadbild

Bei näherem Hinsehen wirkt die Rinde über eine Länge von bis zu 50 cm deutlich löchrig zerfetzt. Befallen wird Holz bis zu einer Dicke von 15 cm. Nach einem Anschnitt sind die kurzen (leeren) Larvenkammern, dicht an dicht stehend, im Holz zu sehen. Darüberliegende Bereiche zeigen Welke- und Absterbeerscheinungen. Es besteht eine erhöhte Bruchgefahr befallener Äste durch Wind und Schnee.

Vorbeugen und bekämpfen

Rückschnitt der geschädigten Triebe. Insektizideinsatz zum Frühjahr sofern erforderlich.

Ganz nah dran

Die im Inneren der kleinen Kammern sitzenden Larven sind nur 3 mm groß und gelborange gefärbt.

Weidenrost

Melampsora salicina
Pilz

Steckbrief

Im Regelfall überwintert der Pilz als mikroskopisch kleine Wintersporen (Teleutosporen), die sich im Herbst in hoher Zahl am Blatt entwickelt haben. Die im Frühjahr gebildeten Sporen werden mit dem Wind auf andere Arten übertragen (Wirtswechsel). Je nach Pilzart kommen hier unterschiedliche ein- und zweikeimblättrige Pflanzen und auch Nadelgehölze infrage (u. a. Tanne, Pfaffenhütchen, Veilchen). Dort entstehende Sporen werden im Frühsommer wieder auf die Weide übertragen, auf der zyklusartig, teils alle 2 Wochen, bis zum Herbst die weitere Ausbreitung und Entwicklung mittels Sommersporen (Uredosporen) erfolgt. Einzelne Arten sind auch fähig, sich ohne einen Wirtswechsel allein auf der Weide ganzjährig zu entwickeln.

Symptome und Schadbild

Blattunterseits bilden sich leuchtend orangegelbe, dunkle Sporenlager in teils hoher Zahl. Auf der Oberseite der Blätter sind meist nur kleinere Flecken erkennbar. Stärker befallene Blätter trocknen ein, vergilben und fallen ab

Vorbeugen und bekämpfen

Sofern bekannt Entfernung der wirtswechselnden Pflanze. Einsatz von Fungiziden.

Kommt auch vor an

Bei diesem Pilz handelt es sich um eine Sammelart, deren weitere Artendifferenzierung nur mikroskopisch möglich ist. Biologie und Symptomatik der verschiedenen Arten sind in den Grundzügen ähnlich, sie unterscheiden sich aber in der Pflanze für den Wirtswechsel.

Weide

Auf einen Blick

- gelbe Sporenlager auf der Blattunterseite
- Wirtswechsel im Frühjahr zu anderer Pflanze
- Überwinterung meist im Falllaub

Weide

Weidenschaumzikade

Aphrophora salicina
Zikade

Steckbrief

1 Generation pro Jahr. In die Triebe werden Eier abgelegt, die den Winter überdauern. Die zum Frühjahr schlüpfenden Larven saugen an der Pflanze und produzieren einen Schaum, in dem sie sich verstecken. Die Larven sind schlank und haben einen kontrastreichen, dunklen Kopf- und Brustbereich und einen hellen Hinterleib. Ab Juni finden sich auf den Pflanzen die sprungfähigen, etwa 1 cm großen, braun gefärbten und auffällig fein punktierten Zikaden, die dort bis in den Herbst hinein ihre Eier ablegen. Verwandte Arten wie die Wiesenschaumzikade mit einer geringeren Schaumbildung treten an Kräutern auf.

Symptome und Schadbild

Zu beobachten sind größere Schaumbildungen („Kuckucksspeichel“) an den Trieben im Frühjahr, die auch abtropfen können. Im Schauminneren befindet sich eine Larve. Sprungfähige, braun gefärbte Zikaden treten im Sommer auf. Lokal können Triebschäden durch die Saugtätigkeit oder auch Eiablage entstehen.

Vorbeugen und bekämpfen

Abspritzen des Schaums mit den Larven.

Auf einen Blick

- größere Schaumbildungen an den Trieben
- eine Larve lebt im Schauminneren
- sprungfähige, erwachsene Tiere

Kommt auch vor an

Neben Weiden können auch Pappeln von dieser Schaumzikadenart befallen werden.

Birnbaumprachtkäfer

Agrilus sinuatus
Käfer

Weißdorn

Steckbrief

Zweijähriger Entwicklungszyklus. Nach der Überwinterung der Larve im Holz der Pflanze kommt es im Frühjahr zur Verpuppung, sodass die ersten der wärmeliebenden Käfer ab Mai auftreten. Die Käfer sind 8 mm groß, von schlanker stromlinienförmiger Statur und grün bis kupferrot glänzend gefärbt. Nach einem kurzen Fraß an den Blättern legen sie ihre bis zu 40 Eier einzeln an den Stamm ab. Die Larven bohren sich in den Stamm und leben hier als Minierer bis zu ihrer Verpuppung. Es sind fußlose, hell gefärbte, 2–3 cm große Tiere mit einem vergrößerten Brustabschnitt. Die Gänge besitzen ein typisches Zickzackmuster („Blitzwurm") und können eine Gesamtlänge von 1 m erreichen. Besiedelt werden nahezu nur geschwächte oder vorgeschädigte Bäume (Wassermangel). Eine trocken-warme Witterung im Frühsommer fördert den Befall.

Symptome und Schadbild

Die unspezifischen Absterbeerscheinungen treten bevorzugt an geschwächten Pflanzen auf. Nach dem Lösen der Rinde zeigen sich zickzackförmige Larvengänge. Auch sind quer ovale Ausbohrlöcher der Käfer zu erkennen.

Vorbeugen und bekämpfen

Vorbeugende Optimierung von Standort und Pflege. Rodung befallener Bäume vor dem Schlupf der Käfer.

Kommt auch vor an

Neben Weißdorn können auch *Pyrus*-Arten (Birne) und *Sorbus*-Arten (Eberesche) besiedelt werden.

Auf einen Blick

- bevorzugter Befall geschwächter Bäume
- Absterbeerscheinungen der Bäume
- zickzackförmige, lange Gänge im Holz

Weißdorn

Blattbräune

Diplocarpon mespili
Pilz

Steckbrief

In speziellen Fruchtkörpern überwintert der Pilz im Falllaub. Hier im Frühjahr austretende Sporen werden mit dem Wind auf Weißdornblätter übertragen, die nachfolgend vom Pilz infiziert werden. Nach Symptomausbildung entstehen erneut Fruchtkörper, deren Sporen ihrerseits für eine weitere, wiederholte Ausbreitung des Pilzes sorgen. Eine feuchte Witterung fördert den Befall. Neben Weißdorn können von dem Pilz auch einige andere Gehölze oder auch Obst befallen werden.

Symptome und Schadbild

Befallene Blätter zeigen im Frühjahr eine Vielzahl rot-brauner, sehr kleiner Blattflecken (Einzelgröße 1–2 mm) auf der Blattoberseite. Die Flecken fließen zusammen, auch tritt als Folge vorzeitiger Laubfall bis zur partiellen Verkahlung auf. Triebe und Früchte des Weißdorns können ebenfalls Schadsymptome aufweisen. Erkrankte Bäume werden anfälliger gegenüber anderen Schaderregern.

Vorbeugen und bekämpfen

Rückschnitt infizierter Triebabschnitte, Laubentfernung im Herbst. Vorzeitiger Einsatz von Fungiziden im Frühjahr.

Auf einen Blick

- Förderung durch eine feuchte Witterung
- Vielzahl kleiner Blattflecken
- Überwinterung im Falllaub

Nicht verwechseln!

An Weißdorn treten weitere Blattfleckenpilze auf, die ähnliche Symptome hervorrufen können und in ihrer Biologie vergleichbar sind.

Echter Mehltau

Verschiedene Arten
Pilz

Steckbrief

Je nach Mehltauart überwintert der Pilz mehrheitlich innerhalb der am Blatt gebildeten Dauerkörper oder teilweise auch als Pilzgeflecht in den Knospenschuppen. Die hier zum Frühjahr gebildeten Sporen werden mit dem Wind auf Blätter und Triebe übertragen, die nachfolgend infiziert werden. Hier setzt sich als Zyklus die Sporenbildung, Verbreitung und erneute Infektion fort. Eine trocken-warme Witterung im Frühjahr und Sommer fördert den Befall. Im Herbst werden an den Blättern die dunklen, etwa 0,1 mm großen Fruchtkörper in teils hoher Zahl gebildet.

Symptome und Schadbild

Pilzartabhängig entsteht blattoberseits oder auch auf der Blattunterseite ein weißer, mehliger, teils die ganze Blattfläche einnehmender Belag. Auch Triebe können diesen Belag aufweisen. Bei einem stärkeren Befall verfärben sich die Blätter und es kann ein vorzeitiger Laubfall auftreten. Insbesondere im Herbst finden sich häufig blattunterseits viele dunkle, anfangs noch gelbliche Fruchtkörper.

Vorbeugen und bekämpfen

Absammeln befallener Blätter im Herbst. Rückschnitt befallener Triebe. Einsatz von Fungiziden im zeitigen Frühjahr.

Kommt auch vor an

Einige der am Weißdorn auftretenden Echten Mehltaupilze können auch andere Laubgehölze schädigend befallen.

Weißdorn

Auf einen Blick

- Überwinterung meist im Falllaub
- weißer, mehliger Belag am Blatt
- Förderung durch eine trocken-warme Witterung

Weißdorn

Auf einen Blick

- Überwinterung als Ei am Weißdorn
- rötliche, auffällige Blattverfärbungen im Frühjahr
- Wirtswechsel zur Möhre

Weißdornblattlaus

Dysaphis crataegi
Blattlaus

Steckbrief

Mehrere Generationen pro Jahr. Als Ei, das an den Trieben abgelegt wurde, überwintern die Blattläuse am Weißdorn. Die hier ab April schlüpfenden Läuse besiedeln die Blätter und saugen an ihnen. Die Tiere sind 2 mm groß, grauschwarz gefärbt und tragen Wachsausscheidungen. Geflügelte Stadien wandern im Frühjahr auf Möhre und andere Doldenblütler ab, besiedeln dort jedoch den Wurzelhals („Möhrenwurzelhalslaus"). Hier werden mehrere Generationen durchlaufen bevor im Herbst erneut geflügelte Tiere zur Eiablage auf den Weißdorn zurückfliegen.

Symptome und Schadbild

Bereits ab April verfärben sich die Blätter des Weißdorns rötlich, wölben sich nach außen und zeigen Deformationen. Blattunterseits sitzen die dunklen Läuse. Zum Sommer hin treten aufgrund des Wechsels zur Möhre keine neuen Schadsymptome am Weißdorn auf.

Vorbeugen und bekämpfen

Entfernen befallener Blätter. Kontrolle von Möhren auf Lausbesatz am Wurzelhals sowie deren Bekämpfung. Einsatz von Insektiziden im zeitigen Frühjahr.

Nicht verwechseln!

Nicht alle an der Wurzel von Möhren auftretenden Läuse wechseln zum Weißdorn, einige Arten besitzen auch einen Wirtswechsel zu Pappeln.

Weißdorngallmilbe

Phyllocoptes goniothorax
Gallmilbe

Steckbrief

Mehrere Generationen pro Jahr. In den Rindenritzen überdauern die mit bloßem Auge aufgrund ihrer geringen Größe von nur 0,2 mm nicht erkennbaren Gallmilben. Im Frühjahr besiedeln sie zum Austrieb die jungen Blätter und saugen an ihnen. In den aufgrund des Saugens entstehenden Blattrandgallen leben und vermehren sich die Gallmilben. Bereits zum Sommer hin verlassen sie die Gallen und suchen ihre neuen Winterlager auf.

Symptome und Schadbild

An den Blättern am Blattrand treten eng zur Unterseite eingerollte, feste Gallen auf. Neben einzelnen Blättern sind oft größere Zweigpartien betroffen. In den entrollten Gallen ist ein feiner Haarfilz erkennbar, in dem nur bei stärkerer Vergrößerung die walzenförmigen, vierbeinigen Gallmilben zu sehen sind.

Vorbeugen und bekämpfen

Entfernen befallener Blätter im Sommer vor der Abwanderung der Tiere. Einsatz von Pflanzenschutzmitteln zum Austrieb.

Nicht verwechseln!

Größere Blattrandeinrollungen können auch durch eine Gallmücke verursacht werden, wobei hier dann größere, rot gefärbte Larven auftreten.

Weißdorn

Auf einen Blick

- die Gallmilben selbst sind mit bloßem Auge nicht erkennbar
- feste Blattrand-Einrollungen als Galle
- Überwinterung der Tiere in Rindenritzen an der Pflanze

Weißdorn

Weißdornrost

Gymnosporangium clavariaeforme
Pilz

Steckbrief

Für den vollständigen Entwicklungszyklus werden neben dem Weißdorn auch bestimmte Wacholderarten (u. a. *Juniperus communis*) benötigt. Die Überwinterung erfolgt innerhalb des auf Dauer erkrankten Wacholders als nicht sichtbares Pilzgeflecht. Zum Frühjahr werden an den Trieben orange-bräunliche, gallertartige Sporenlager gebildet. Die Sporen werden vom Wind auf die Blätter, Früchte und Triebe des Weißdorns übertragen und infizieren diese. Die weitere Pilzentwicklung erfolgt mit unterschiedlichen Sporenformen am Weißdorn, wobei die zum Herbst gebildeten Sporen mit dem Wind wieder auf Wacholderarten übertragen werden. Der Weißdorn muss jedes Jahr neu infiziert werden.

Symptome und Schadbild

Neben einigen gelbroten Flecken blattoberseits treten im Sommer blattunterseits und auf Früchten und Trieben eine Vielzahl deutlich warzenartiger, gefranster Fruchtkörper auf. Ein vorzeitiger Laubfall ist bei stärker befallenen Pflanzen erkennbar.

Vorbeugen und bekämpfen

Rückschnitt infizierter Stellen am Wacholder und Weißdorn. Räumliche Trennung von anfälligen Wacholderarten und Weißdorn. Vorbeugender Einsatz von Fungiziden am Weißdorn im Frühjahr.

Auf einen Blick

- der Pilz überwintert dauerhaft im Wacholder
- warzenartige Strukturen auf der Blattunterseite vom Weißdorn
- der Pilz vollzieht einen Wirtswechsel zwischen Weißdorn und Wacholderarten

Kommt auch vor an

Neben Weißdornarten kann von diesem Rostpilz auch die Kanadische Felsenbirne (*Amelanchier canadensis*) befallen werden.

Feuerbrand

Erwinia amylovora
Bakterien

Steckbrief

Nach der Überwinterung in erkrankten Rindenabschnitten („Cancer“) vermehren sich die Bakterien im Frühjahr und gelangen dann auch nach außen. Mit Hilfe von Wind und Regenspritzern, aber auch Insekten (Bienen) erfolgt die weitere Verbreitung auf andere Pflanzen. Infektionen erfolgen bevorzugt über die Blüten bei feucht-warmer Witterung. Auch durch Schnittwerkzeuge können die Bakterien übertragen werden.

Symptome und Schadbild

Infizierte Blüten und Blätter verfärben sich schwarz („Feuerbrand“), wobei die Triebspitze häufig krückstockartig umgebogen ist. Bei feuchter Witterung tritt auch Bakterienschleim aus dem Gewebe aus. Geschädigte Pflanzenteile fallen nicht ab, sondern verbleiben weiter am Baum. Neben einzelnen Astpartien können auch ganze Pflanzen absterben.

Vorbeugen und bekämpfen

Die Krankheit unterliegt bei einem Auftreten der Meldepflicht (Pflanzenschutzamt). Rückschnitt infizierter Triebe bis 50 cm unter der Befallsstelle. Desinfektion der Schnittwerkzeuge mit 70%igem Alkohol. Bevorzugung weniger anfälliger *Cotoneaster*-Sorten. Der Einsatz von Bakteriziden ist nicht möglich.

Kommt auch vor an

Befallen werden neben *Cotoneaster* (wobei großblättrige Arten hier als besonders anfällig gelten) auch andere Rosengewächse, u. a. Apfel, Birne, Weißdorn.

Zwergmispel

Auf einen Blick

- schwarz verfärbte Blüten und Blätter
- befallene Pflanzenteile bleiben weiterhin am Strauch
- meldepflichte Bakterienerkrankung

Service

Auf den folgenden Seiten finden Sie jede Menge zusätzliche Tipps, wie Sie Ihren Gartenpflanzen wieder auf die Beine helfen können.

Anzeichen für einen Nährstoffmangel

Mangelsymptome an Pflanzen können durch einen echten Nährstoffmangel im Boden hervorgerufen werden. Sie können aber auch induziert werden durch eine Nährstoffkonkurrenz gegenüber anderen Nährstoffen (beispielsweise ein Kalium-Mangel durch einen Überschuss von Magnesium im Boden) oder auch durch bestimmte Umweltbedingungen (Kälte, geringer Sauerstoffgehalt im Boden bei einem Eisenmangel), die eine Aufnahme jeweils erschweren bis ganz verhindern können. Bei kritischen Diagnosefällen empfiehlt sich daher neben einer Bodenuntersuchung eine zusätzliche Pflanzenanalyse.

Hilfreiche Adressen entsprechender Labore finden Sie auf Seite 181.

Nährstoff (Abkürzung)	Mangelsymptome
Stickstoff (N)	• Vergilbung der älteren Blätter (Chlorophyllabbau) • Pflanzen mit reduziertem Wachstum (Triebwachstum, Dickenwachstum) • kleinere Blätter ohne Formveränderung • teils rötliche Blattverfärbung (Anthozyanbildung)
Kalium (K)	• Blattrand der älteren Blätter ist chlorotisch bis später nekrotisch • Blattränder sind nach oben oder unten gebogen • Neigung zum Welken („Welketracht“)
Magnesium (Mg)	• ältere Blätter mit Interkostalchlorosen, später nekrotisch werdend • Blattadern mit breitem, grünem Saum („Fischgrätenmuster“) • Blattränder bleiben häufig noch grün • Blattspitzen und Blattränder sind häufig aufwärts gewölbt • später oft Abwurf der älteren Blätter
Eisen (Fe)	• jüngste Blätter vergilben bei scharf abgesetzten, grün gefärbten Hauptadern
Mangan (Mn)	• jüngste und mittlere Blätter mit Interkostalchlorosen • Hauptader weiter grün gefärbt mit deutlichem Saum
Schwefel (S)	• jüngste Blätter einschließlich der Blattadern vergilben zunehmend • rötliche Blattverfärbungen bei starkem Mangel • reduziertes Wachstum • eher in industriefernen ländlichen Regionen (kein Eintrag über die Luft) • löffelartige Blattmissbildungen
Kalzium (Ca)	• junge Blätter der Triebspitze sind hakenförmig umgebogen • Abknicken der Stängel unter der Blüten- oder Sprossspitze • verminderte Frostresistenz, geringer Fruchtansatz • erhöhte Anfälligkeit gegenüber Pilzinfektionen

Chlorose: Gelbfärbung (Vergilbung) von Gewebe
Nekrose: abgestorbenes, braunes Gewebe
Interkostalfelder: Blattbereiche zwischen den Blattadern

Was fehlt meinen Pflanzen?

Die Anfälligkeit von Pflanzen gegenüber Krankheiten steigt grundsätzlich mit einem mangelhaften Nährstoffangebot und/oder einer eingeschränkten Verfügbarkeit im Boden.
Eine Bodenuntersuchung bei einer Neuanlage eines Gartens oder sonst im Abstand von etwa 3–5 Jahren ist somit sinnvoll, um hier Klarheit über diese Verhältnisse zu bekommen. Bei der Untersuchung sollte auch eine Düngerempfehlung (Gartenpass) angefordert werden. Nachfolgend eine kurze Auswahl von Laboren, die Proben für Hobbygärtner untersuchen.
Die Kosten pro Untersuchung betragen, je nach Untersuchungsumfang, meist etwa 20–30 Euro.

Agrolab Labor
84079 Bruckberg
Tel.: 08765 / 939960
www.agrolab.de

Landwirtschaftliches Bodenlabor Dr. Eugen Lehle
89150 Laichingen-Machtolsheim
Tel.: 07333 / 947212
www.bodenlabor.de

Chemisch-Biologisches Laboratorium
91522 Ansbach
Tel.: 0981 / 97257720
www.rietzleranalytik.de

Chemisches Labor Dr. Graser
97453 Schonungen
Tel.: 09721 / 75760
www.labor-graser.de

Ingenieurbüro für Materialreports und Umweltanalytik
82515 Wolfratshausen
Tel.: 08171 / 380100
www.gartenpass.de

Verband Deutscher Landwirtschaftlicher Untersuchungs- und Forschungsanstalten
67346 Speyer
www.vdlufa.de
(Auflistung von rund 90 Laboren in Deutschland)

Als Freeware erhältlich ist ein komfortables PC-Programm mit Namen DiG (Düngung im Garten) aus dem Jahre 2010 erhältlich, das auf den Seiten der Hochschule Weihenstephan-Triesdorf zum Download angeboten wird.
www.gartenbausoftware.de

Aktuell einsetzbare Pflanzenschutzmittel

Der Zulassungsstand von Pflanzenschutzmitteln ändert sich monatlich (!), eine tabellarische Übersicht wäre somit veraltetet, bevor das Buch gedruckt ist. Es gibt jedoch andere Wege, hier aktuell den Überblick zu erhalten. Einerseits genügt ein Anruf beim jeweils zuständigen Pflanzenschutzamt (siehe dort) oder aber man nutzt spezielle Internetadressen und recherchiert dort selbst. Nachfolgend hierzu einige empfehlenswerte, bundesweit einsetzbare Internetseiten mit kurzer Erläuterung zur Nutzung.

www.pflanzenschutz.hamburg.de/nav-haus-garten

Das Pflanzenschutzamt Hamburg bietet auf seiner Seite (bis ganz unten durchblättern) eine pdf-Datei an, die in kompakter Form den jeweils aktuellen Zulassungsstand in komprimierter Form tabellarisch auflistet. Die Liste ist mehr für die Beratung und den etwas versierteren Hobbygärtner ausgerichtet, da die Gliederung nach Wirkungsspektrum (Fungizide, Insektizide etc.) und Wirkstoffen erfolgt. Zusätzlich besteht die Möglichkeit in einen Mailverteiler aufgenommen zu werden, sodass man jeden Monat die aktuelle Liste per Mail erhält.

https: //portal.bvl.bund.de/psm/jsp

Das BVL (Bundesamt für Verbraucherschutz und Lebensmittelsicherheit) als Zulassungsbehörde in Deutschland bietet über diese Seite eine datenbankgestützte Abfragemöglichkeit zum aktuellen Zulassungsstand an. Im Feld „HuK/Alle“ die Position „Haus- und Kleingarten“ anwählen. Die weitere Suche erfolgt einfach mit anklickbaren Feldern zum Schadorganismus und zur Kultur oder anderen Auswahlkriterien. Zu allen Produkten finden sich detaillierte Beschreibungen, u.a. zum Einsatzgebiet, zu Auflagen und zu den jeweiligen Anwendungsbestimmungen.

www.lksh.de/gartenbau/pflanzenschutz/haus-und-kleingarten/

Die Landwirtschaftskammer Schleswig-Holstein bietet auf ihren Haus- und Kleingartenseiten unter dem Ordner „PSM-Listen“ monatsaktuelle Listen für die Bereiche Zierpflanzen (die Gehölze und Ziersträucher mit einschließen) und auch andere Bereiche (Rasen, Obstgarten, Gemüsegarten) an. Die Listen im pdf-Format sind anwenderfreundlich nach Schaderregern sortiert und führen hier die jeweils einsetzbaren Wirkstoffe und Produktnamen auf.

Bedingt durch die insbesondere seitens der EU erlassene Zulassungs-Verordnung und Rahmenrichtlinie für Pflanzenschutzmittel wurde auch für Deutschland zum 14. Februar 2012 ein neues Pflanzenschutzgesetz erlassen. In Teilen hat dies auch für den Einsatz von Pflanzenschutzmitteln im Hobbygarten („nicht berufliche Anwender“) Änderungen und Auswirkungen zur Folge. Die oben genannten Internetseiten greifen die neuen Regelungen und geänderten Zulassungsbedingungen jedoch auf und halten Sie auch in Zukunft aktuell auf dem Stand.

Hier bekommen Sie Helfer für Ihren Garten

ABITEP GmbH
Glienicker Weg 185
D-12489 Berlin
www.abitep.de

AMW Nützlinge
Ausserhalb 54
D-64319 Pfungstadt
www.amwnuetzlinge.de

Andermatt Biocontrol GmbH Deutschland
Stahlstr. 5
D-88339 Bad Waldsee
www.biocontrol.ch

BIOCARE GmbH
Dorfstr. 4
D-37574 Einbeck
www.biocare-web.de

Biofa AG
Rudolf-Diesel-Str. 2
D-72525 Münsingen
www.biofa-profi.de

bio-ferm GmbH
Technopark 1 B
A-3430 Tulln
www.bio-ferm.com

biohelp GmbH
Kaplcigasse 16
A-1110 Wien
www.biohelp.at

Bioplant Naturverfahren GmbH
Carl-Benz-Str.4
D-78467 Konstanz
www.biplantol.de

Bio-Protect GmbH
Lohnerhofstr. 7
D-78467 Konstanz
www.bio-protect.de

ChiPro GmbH
Anne-Conway-Str. 9
D-28359 Bremen
www.chipro.de

e-nema GmbH
Klausdorfer Str. 28-36
D-24223 Schwentinental
www.e-nema.de

Intrachem Bio
Deutschland GmbH & Co KG
Carl-Zeiss-Str. 14-18
D-65520 Bad Camberg
www.intrachem bio.de

Katz Biotech AG
An der Birkenpfuhlheide 10
D-15837 Baruth
www.katzbiotech.de

W. Neudorff GmbH KG
An der Mühle 3
D-31860 Emmerthal
www.neudorff-profi.de
www.neudorff.de

ÖRE Bio Protect GmbH
Neuwührener Weg 26
D-24223 Raisdorf
www.oere-bio-protect.de

Probis GmbH
Boschstr. 29
D-75446 Wiernsheim

Prophyta GmbH
Inselstr. 12
D-23999 Malchow / Poel
www.prophyta.de

Sautter & Stepper GmbH
Rosenstr. 19
D-72119 Ammerbuch
www.nuetzlinge.de

Temmen GmbH
Ankerstr. 74
D-65795 Hattersheim
www.temmen.de

TILCO Biochemie GmbH
Holländerkoppel 1a
D-23858 Reinfeld
www.tilco-biochemie.de

Trifolio-M GmbH
Dr.-Hans-Wilhelmi-Weg-1
D-35633 Lahnau
www.trifolio-m.de
www.neemazal.de

http://pflanzenstaerkungsmittel.jki.bund.de
Dieses Themenportal wird vom JKI (Julius-Kühn-Institut) angeboten und umfasst eine umfangreiche Informationssammlung zu den in Deutschland gelisteten Pflanzenstärkungsmitteln. Über eine integrierte Datenbank können nach Auswahl beispielsweise des Schaderregers oder der Kultur hier einsetzbare Produkte aufgerufen werden, die auch näher vorgestellt werden.

Pflanzenschutzstellen der Länder

Baden-Württemberg
Landwirtschaftliches
Technologiezentrum Augustenberg
Außenstelle Stuttgart
Reinsburgstr. 107
70197 Stuttgart
www.landwirtschaft-bw.info/servlet/PB/menu/1034631_l1/index1217323977829.html

Bayern
Bayerische Landesanstalt für Landwirtschaft
Institut für Pflanzenschutz
Lange Point 10
85354 Freising
www.lfl.bayern.de

Berlin
Pflanzenschutzamt Berlin – Amtliche Pflanzenbeschau –
Beusselstr. 44 N – Q
10553 Berlin
www.stadtentwicklung.berlin.de/pflanzenschutz/pflanzenschutzamt

Brandenburg
Landesamt für Ländliche Entwicklung, Landwirtschaft und Flurneuordnung (LELF)
Referat 35 Pflanzengesundheitskontrolle
Müllroser Chaussee 50
15236 Frankfurt (Oder)
www.luis-bb.de

Hamburg
Behörde für Wirtschaft, Verkehr und Innovation
Abt. Agrarwirtschaft
Pflanzengesundheitskontrolle
Indiastr. 3
20457 Hamburg
www.hamburg.de/service-pflanzenschutz

Hessen
Regierungspräsidium Gießen
Pflanzenschutzdienst Hessen
Schanzenfeldstr. 8
35578 Wetzlar
www.rp-giessen.hessen.de

Mecklenburg-Vorpommern
Landesamt für Landwirtschaft, Lebensmittelsicherheit und Fischerei Mecklenburg-Vorpommern
Abteilung Pflanzenschutzdienst; Dezernat Pflanzengesundheitskontrolle
Graf-Lippe-Str. 1
18059 Rostock
www.landwirtschaft-mv.de/cms2/LFA_prod/LFA/content/de/Startseite/index.jsp

Niedersachsen
Pflanzenschutzamt der Landwirtschaftskammer Niedersachsen
Standort Hannover:
Wunstorfer Landstr. 9
30453 Hannover
www.lwk-niedersachsen.de

Nordrhein-Westfalen
Pflanzen und Pflanzenerzeugnisse
Landwirtschaftskammer Nordrhein-Westfalen
Pflanzenschutzdienst
Siebengebirgsstr. 200
53229 Bonn
www.landwirtschaftskammer.de

Rheinland-Pfalz
Aufsichts- und Dienstleistungsdirektion
Willy-Brandt-Platz 3
54290 Trier
www.dlr.rlp.de

Saarland
Landwirtschaftskammer für das Saarland
Abt. Landbewirtschaftung – Pflanzenschutzdienst
Dillinger Str. 67
66822 Lebach
www.lwk-saarland.de

Sachsen
Sächsisches Landesamt für Umwelt, Landwirtschaft und Geologie
Abteilung 7 – Pflanzliche Erzeugung
Referat 75 – Pflanzengesundheit und Diagnose
Söbrigener Str. 3a
01326 Dresden-Pillnitz
www.landwirtschaft.sachsen.de/Landwirtschaft/index.html

Sachsen-Anhalt
Landesanstalt für Landwirtschaft, Forsten und Gartenbau (LLFG)
Dezernat Pflanzenschutz
Strenzfelder Allee 22
06406 Bernburg
www.llg-lsa.de

Schleswig-Holstein
Landwirtschaftskammer Schleswig-Holstein
Abt. Pflanzenbau, Pflanzenschutz
Ref. Pflanzengesundheit/Koordination
Am Kamp 15 – 17
24768 Rendsburg
http://lwksh.de/cms

Thüringen
Thüringer Landesanstalt für Landwirtschaft Jena
Abt. Pflanzenproduktion
Referat Pflanzenschutz
Kühnhäuser Str. 101
99189 Kühnhausen
www.thueringen.de/de/tll

Pflanzenschutzmittelhersteller

Einige Hersteller bieten auch für den Haus- und Kleingarten Pflanzenschutzmittel an, die im Fachhandel (u. a. Gartencenter, Baumarkt) verkauft werden. Diese Hersteller liefern bezogen für ihre jeweiligen Produkte sowie die einzelnen Schaderreger (u. a. mit Diagnosehilfen) im Internet teils sehr umfangreiche Informationen; nachfolgend eine Auswahl.

W. Neudorff GmbH KG, www.neudorff.de

Scotts Celaflor GmbH, www.scotts.de

Stähler Deutschland GmbH & Co. KG, www.gartenapotheke.com

COMPO GmbH & Co. KG, www.compo-hobby.de

Bayer CropScience Deutschland GmbH, www.bayergarten.de

Zum Weiterlesen

Allgemein

- aid infodienst (Hrsg.): Pflanzenschutz im Garten, aid, Bonn, Nr. 1162, 2007.
- aid infodienst (Hrsg.): Biologischer Pflanzenschutz, aid, Bonn, Nr. 1030, 2010.
- Greenwood, P. und A. Halstead: Schädlinge & Krankheiten: Pflanzenprobleme vermeiden, erkennen und erfolgreich bekämpfen. The Royal Horticultural Society, Dorling Kindersley Verlag, München, 2009.
- Hansestadt Hamburg et al.: Pflanzenschutz im Haus- und Kleingarten, 2010.
- Kreuter, M.L.: Der Biogarten: Das Original. Mit Pflanzenschutz-Kompass, BLV Buchverlag, 2009.
- Kühne, S., Burth, U. und P. Marx: Biologischer Pflanzenschutz im Freiland: Pflanzengesundheit im Ökologischen Landbau. Verlag Eugen Ulmer, 2006.
- Lohrer, T.: Die 13 Gartenplagen, Verlag Eugen Ulmer, 2008.
- Lohrer, T.: Marienkäfer, Glühwürmchen, Florfliege & Co. Pala Verlag, 2010.
- Mayer, J.: Pflanzenschutz: Unser gesunder Garten. Stiftung Warentest, Berlin, 2011.
- Sächsische Landesanstalt für Landwirtschaft et al.: Sachgerechter Pflanzenschutz im Haus- und Kleingarten, 2007.
- Schuster, T.: Quickfinder Pflanzenschutz, Gräfe und Unzer Verlag, 2007.

Ziergehölze und Bäume

- Alford, D. V.: Farbatlas der Schädlinge an Zierpflanzen. Thieme Verlag, 1997.
- Butin, H.: Krankheiten der Wald- und Parkbäume. Verlag Eugen Ulmer, 4. Auflage, 2011.
- Butin, H., Nienhaus, F. und B. Böhmer: Farbatlas Gehölzkrankheiten: Ziersträucher, Allee- und Parkbäume. Verlag Eugen Ulmer, 4. Auflage, 2010.
- Ebner, S. und A. Scherer: Die wichtigsten Forstschädlinge: Insekten, Pilze, Kleinsäuger. Stocker Verlag, 2. Auflage, 2004.
- Griegel, A.: Mein gesunder Ziergarten. Griegel Verlag, 3. Auflage, 2000.
- Hartmann, G.: Farbatlas Waldschäden: Diagnose von Baumkrankheiten. Verlag Eugen Ulmer, 3. Auflage, 2007.
- Nienhaus, F. und L. Kiewnick: Pflanzenschutz bei Ziergehölzen. Verlag Eugen Ulmer, 1998.

Hilfe aus dem Netz

Austausch mit anderen

Die aus dem Internet bekannten Diskussionsforen gibt es auch für gärtnerische Fragen, oft auch als eigenes Forum nur zum Pflanzenschutz. Häufig werden diese Foren von den bekannten gartenbaulichen Publikumszeitschriften angeboten. Sie erfreuen sich großer Beliebtheit und sind bei Problemen mit Pflanzen für viele eine wichtige Anlaufstelle geworden. Nachfolgend einige bekannte Foren zu Garten- und Pflanzenschutzthemen.

- www.livingathome.de/foren
- www.mein-schoener-garten.de/jforum/forums/overview.page
- bb.haus.de/haus/viewforum.php?f=1
- www.krautundrueben.de/Forum/board.php
- www.grf-online.de/Forum
- www.gartenforum.de
- www.garten-community.de

Erfolgreiche Suche

Für die Nutzung von Suchmaschinen – meist wird hier sicherlich Google verwendet – finden Sie hier einige Tipps, mit denen Sie deutlich bessere Ergebnisse bei Ihrer Suche erzielen.

- Verwenden Sie als eingegebene Stichwörter nicht nur den deutschen Namen (z. B. Birnengitterrost) sondern auch den wissenschaftlichen Namen. Der Umfang an Seiten als auch die Qualität steigt, da „gute" Seiten auch stets die lateinische Bezeichnung auf ihren Seiten mit aufführen.
- Nutzen Sie gezielt die „Erweiterte Suche" bei Google. Sie können hier beispielsweise die Sprache einstellen oder den Dateityp (stellen Sie hier bevorzugt die Option pdf-Dokumente ein). Auch können Sie auswählen, wo ihr Suchbegriff auftreten soll, beispielsweise irgendwo auf der Seite, im Titel oder sogar in der Netzadresse selbst (Letzteres erhöht die Treffer an informativen Seiten deutlich).
- Verwenden Sie gezielt die bei der „Bilder"-Suche auf der linken Seite mit aufgeführten Filterfunktionen. Einstellen lässt sich hier u. a. die Größe der Bilder oder auch die Farbe.
- Über die Auswahl „Mehr/Bücher" suchen Sie in von Google gescannten Büchern. Auch auf diesem Weg lässt sich bei der Suche nach Informationen zu Krankheiten und Schädlingen mancher Treffer erzielen.
- Über die „Video"-Suche lassen sich zunehmend auch (kurze) Filme zu den unterschiedlichsten Schaderregern finden (versuchen Sie es einfach einmal mit „Dickmaulrüssler" als Suchbegriff)
- Mit Hilfe der Funktion „Mehr/Alert" erhalten Sie von Google eine Mail sobald Seiten ins Netz gestellt werden, die ein von Ihnen zuvor ausgewähltes Stichwort beinhalten. Insbesondere zu empfehlen, wenn Sie zu einem Thema laufend aktuell informiert werden wollen, sobald es etwas Neues hierzu im Netz gibt (vor einem längeren Urlaub nicht vergessen abzubestellen!). Für diesen Service müssen Sie sich jedoch bei Google (kostenlos) anmelden.

Diagnose-Datenbanken für Gehölze

Online nutzbare Datenbanken mit guten Recherchemöglichkeiten und Bildern sowie Texte zu möglichen Schaderregern an Gehölzen helfen meist schnell bei der richtigen Diagnose. Manche der Gehölzdatenbanken werden themenbedingt von forstlichen Stellen gepflegt, sodass der Fokus auf Waldbäumen und ihren Schaderregern liegt, weniger bei den Ziersträuchern. Nachfolgend einige empfehlenswerte Datenbanken zu Schaderregern an Gehölzen.

- www.arbofux.de
- www.stadtbaum.at
- www.wsl.ch/forest/wus/diag/index.php
- http://bfw.ac.at/ws/sdis.schadenstypen
- www.forst.tu-muenchen.de/EXT/LST/BOTAN/LEHRE/PATHO/krankhei.htm

Garten-Podcasts

Ein Podcast ist ein Angebot von redaktionell gestalteten Audiodateien (als MP3-Datei bereitgestellt), die einzeln angehört und – da sie regelmäßig erscheinen – auch kostenlos abonniert werden können. Die jeweiligen Beiträge können am PC oder auch mobil auf einem MP3-Player angehört werden, beispielsweise auf dem Weg zum Sport, zur Arbeit oder anderen Gelegenheiten.

Auch zum Thema Garten und zum Pflanzenschutz werden Podcasts angeboten. Zu finden sind diese am besten über die Nutzung von Podcast-Verzeichnissen, wie www.podster.de oder auch www.podcast.de, die einfach nach dem Stichwort „Garten" durchsucht werden können und die ihre Treffer ähnlich einer Suchmaschine dann auflisten. Nachfolgend einige bekannte Podcasts zu Garten- und Pflanzenschutzthemen.

- Service Garten im WDR 5
- MDR 1 Radio Sachsen-Anhalt – Gartentipp
- Antenne Bayern – Gartentipp
- Der GartenCast der Bayerischen Gartenakademie
- Podcast – Pflanzenschutz im Gartenbau
- Radio Wien – Pflanzentipps
- MDR 1 Radio Sachsen – Gartensprechstunde
- Radio Gartenzwerg

Register

S

T

U

V

W

X

Y

Z

Gesündere Pflanzen
durch Homöopathie

Besuchen Sie uns im Web:
www.**Biplantol.de**
Beratung & Infos ☎ **0 75 31-6 04 73**
Bioplant Naturverfahren GmbH
Konstanz/Bodensee

Dehner
Deine Natur.
www.dehner.de
Gesunde Pflanzen im Garten
Mein Stück Natur
Dehner
Schneckenkorn
Wirkstoff aus der Natur
Schont Igel und Haustiere
e1,2 kg
NEU bei Dehner
Das Dehner Schneckenkorn* enthält eine Eisenverbindung, die auch in der Natur vorkommt. Sie ist für alle Nacktschnecken an Salat, Blattgemüse, Wurzel- und Knollengemüse, Fruchtgemüse, Hülsenfruchtgemüse sowie Zierpflanzen und Erdbeeren im Freiland und im Gewächshaus unverträglich. Das Produkt schützt Blumen und Gemüse somit umweltverträglich und sicher.
* Pflanzenschutzmittel vorsichtig verwenden. Vor Gebrauch stets Kennzeichnung und Produktinformation lesen.
Dehner Newsletter abonnieren unter:
www.dehner.de
Dehner Deine Natur.

Bildquellen

Bayerische Landesanstalt für Landwirtschaft, Institut für Pflanzenschutz, Freising: Seite 16 (2x)
Beltz, Heinrich: Seite 67 o., 87 o., 96 u., 126 (2x), 135 u., 155 (2x), 172 (2x)
Brand, Thomas: Seite 28 (2x), 61 u., 96 o., 100 u., 122 o., 163 o., 173 (2x), 174 o., 176 o.
Buhr, Hans: Seite 167 o.
Clematiskulturen F.M. Westphal: Seite 53 o.
Faßmann, Nathalie: Seite 52 u., 112 u., 129 u., 163 u.
Forschungsanstalt für Gartenbau Weihenstephan: Seite 88 (2x), 104 (2x) , 105 o., 118 (2x), 124 u.
fotolia.com/amskad: Klappe vorne (Fledermaus)
fotolia.com/Janet Thorpe: Klappe vorne (Igel)
fotolia.com/Whyona: Klappe hinten (Marienkäfer)
Fotonatur.de/Holger Duty: Seite 19 o.
GAP Photos/Tim Gainey. Titelbild
Gernoth, Hubertus: Seite 19 u., 83 u., 91 (2x), 95 u., 158 (2x), 161 (2x)
Hartmann, Günter: Seite 71 u., 94 u.
Haselböck, Andreas: Seite 112 o.
Heydeck, Paul: Seite 94 o.
Hilfert, Gregor: Seite 11 u., 63 u., 77 o., 107 o.
Kehr, Rolf: Seite 90 o., 97 (2x), 131 u.
Lehmann, Manfred: Seite 12 u.
Margraf, Klaus: Seite 114 u.
Maschning, E.: Seite 71 o.
Nennmann, Holger: Seite 124 o.
Reinhard, Haus: Klappe hinten (Schwebfliege)
Schaefer, Bernd: Seite 30 u., 33 (2x), 34 (2x), 53 u., 59 o., 62 o., 66 (2x), 67 u., 69 o., 70 o., 75 u., 102 u., 111 o., 119 u., 136 o., 148 u., 171 o.
Schön, Walter: Seite 48 o., 113 (2x)
Schrameyer, Klaus: Seite 10 o., 46 o., 59 u., 60 (2x), 82 o., 83 o., 92 o., 95 o., 100 o., 103 o., 106 o., 177 (2x), 178/179
Schuster, Thomas: Seite 135 o., 170 u.
Veser, Jochen: Seite 30 o., 39 o., 63 o., 76 u., 90 u., 92 u., 101 u., 109 o., 131 o., 143 (2x), 144 (2x)
Vietmeier, Andreas: Seite 8/9, 11 o., 20/21, 35 u., 51 (2x), 52 o., 54 (2x), 62 u., 64 (2x), 69 u., 70 u., 87 u., 102 o., 103 u., 105 u., 106 u., 109 u., 114 o., 119 o., 120 (2x), 123 u., 129 o., 156 (2x), 159 (2x), 171 u.
Wachmann, Ekkehard: Seite 80 o., 86 o.
Wermelinger, Beat: Seite 82 u.
Wilke, Rainer: Seite 115 (2x)
Zoonar/ Angela Schwarz: Klappe hinten (Ohrwurm)
Zoonar/ D. Trapper: Klappe vorne (Meise)
Zoonar/ Emu: Klappe hinten (Florfliege)
Zoonar/ Jürgen Vogt: Klappe vorne (Spitzmaus)
Zoonar/ H Landshoeft: Seite 14 o.

Alle übrigen Fotos stammen vom Autor.

Impressum

Die in diesem Buch enthaltenen Empfehlungen und Angaben sind vom Autor mit größter Sorgfalt zusammengestellt und geprüft worden. Eine Garantie für die Richtigkeit der Angaben kann aber nicht gegeben werden. Autor und Verlag übernehmen keinerlei Haftung für Schäden und Unfälle.

Bibliografische Information der Deutschen Nationalbibliothek
Die Deutsche Nationalbibliothek verzeichnet diese Publikation in der Deutschen Nationalbibliografie; detaillierte bibliografische Daten sind im Internet über http://dnb.d-nb.de abrufbar.

Das Werk einschließlich aller seiner Teile ist urheberrechtlich geschützt. Jede Verwertung außerhalb der engen Grenzen des Urheberrechtsgesetzes ist ohne Zustimmung des Verlages unzulässig und strafbar. Das gilt insbesondere für Vervielfältigungen, Übersetzungen, Mikroverfilmungen und die Einspeicherung und Verarbeitung in elektronischen Systemen.

© 2013 Eugen Ulmer KG
Wollgrasweg 41, 70599 Stuttgart (Hohenheim)
E-Mail: info@ulmer.de
Internet: www.ulmer.de
Lektorat: Sabine Drobik, Doris Kowalzik
Umschlagentwurf, Innenlayout und DTP:
www.Summerer-Thiele.de
Druck und Bindung: Litotipografia Alcione, Lavis
Printed in Italy

ISBN 978-3-8001-7676-2